ブックレット《アジアを学ぼう》別巻 ㉙

ヴェネツィアのゲットー

商館・共同体・コンタクトゾーン

李 美奈

風響社

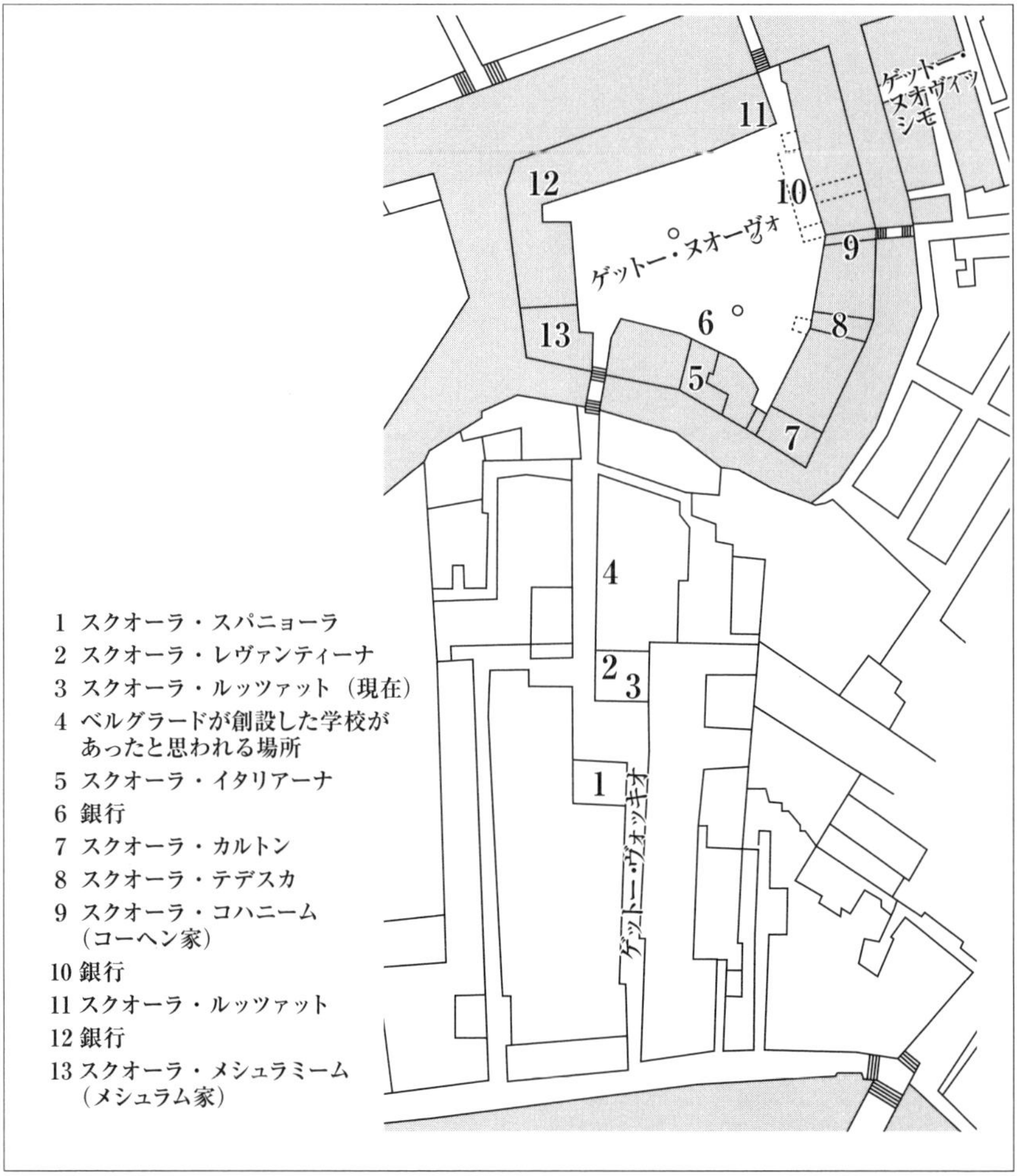
ゲットー・ヌオヴィッシモ
ゲットー・ヌオーヴォ
ゲットー・ヴェッキオ
1 スクオーラ・スパニョーラ
2 スクオーラ・レヴァンティーナ
3 スクオーラ・ルッツァット（現在）
4 ベルグラードが創設した学校があったと思われる場所
5 スクオーラ・イタリアーナ
6 銀行
7 スクオーラ・カルトン
8 スクオーラ・テデスカ
9 スクオーラ・コハニーム（コーヘン家）
10 銀行
11 スクオーラ・ルッツァット
12 銀行
13 スクオーラ・メシュラミーム（メシュラム家）

図1　ゲットーのマップ

ヴェネツィアのゲットー——商館・共同体・コンタクトゾーン

李　美奈

はじめに

二〇一七年八月、私は資料調査のためにヴェネツィアに来ていた。嵐の後のよく晴れた土曜日の朝、滞在していた宿を出発し、緊張と興奮の入り混じった高揚感を抱きながら、サンタ・ルチア駅からやや前のめり気味に歩いていた。駅から出て左へ、観光客に混じって、土産屋の並んだ賑やかな目ぬき通りをグーリエ橋まで進む。橋の傾斜を登ると、ちょうど目線の高さに、ヴェネツィアでは見慣れないヘブライ語の看板が目に入る。橋を下って左に曲がり岸沿いに進むと、気をつけないと見逃してしまうようなやや低く四角いポルティコ（建物の一階部分に柱やアーチで作る通路）が右手に現れる（写真1）。ここがかつてのユダヤ人ゲットーであることを知らない人々は、木枠に囲まれた薄暗いこの入り口が、そもそも通って良い場所なのかどうかも戸惑うだろう。ポルティコをくぐり、陽の十分に届かない細く薄暗い通りに入ると、別世界に来た感覚を覚える。空気が冷んやりとし、ポルティコの外の喧騒から切り離されて、一気に静寂に包まれる。突き当たりにある小さな広場に面するシナゴーグ（ユダヤ教の礼拝所）につくと、入り口に立つ人にパスポートを見せ、名前を告げた。

写真1　ゲットー・ヴェッキオの入り口。木枠の裏側には門の跡を見つけることもできる。

写真2　礼拝中のシナゴーグの前で警備にあたる衛兵。兵は政府機関から派遣されている。

私は事前に共同体のレセプションに連絡をとっていて、この日の安息日の礼拝に参加させてもらうことになっていた。礼拝の次第には不慣れではあったが、すでに他の町で何度か参加させてもらったこともあり、全くの無知ではなかった。ユダヤ教では毎週決まった聖書の箇所を朗読し、一年をかけて最初の五書を終えることになっている。周りに変な風に思われないよう、事前にこの週の朗読箇所も確認していた。地元の共同体の人々と、他の町から来たらしい夫婦とともに建物に入り、礼拝所がある二階へと上がる。女性用の左側の階段を上がると、パーテーションで仕切られた空間が広がる。礼拝所は天井が高く、上層にはバルコニーが巡っている。そこかしこが細やかな装飾に覆われ、真っ赤なカーテンが目を引く。壁に等間隔にかけられたランプと中央の大きなシャンデリアで照らされた部屋は荘厳な雰囲気に満ちていた。参加者は空間の大きさに似合わず三〇人程度だが、かつては上層のバルコニーと下層の席を埋め尽くすほどの人で溢れ、この豪華な空間でともに精神的な時間を過ごしたのだろうと想像した。

礼拝の時間、私は多くの発見に興奮を覚えていた。しかし同時に、妙に強いよそよそしさをも感じていた。ユダヤ人共同体の礼拝は、部外者への警戒心が強いのは当たり前である。シナゴーグは反ユダヤ感情の捌け口として、しばしば攻撃の対象となり、その証拠に建物の入り口は銃を持った衛兵二人が見張っている（写真2）。それでも、他の都市で参加した礼拝と比べても、必要以上の距離があった。これまでも、明らかなアジア顔をした私をちらちらと見ながら怪訝な顔を浮かべる人はいたが、他方で好奇心に勝てず、どこからきたのか、なぜ参加しているのかと私に話しかけてくる人も必ずいた。私が学生でユダヤ教を学んでいることを知ると、共同体の歴史について色んなことを教えよう、私の研究の助けになろうとする人も現れたものだった。しかしこの共同体では、控えめな好奇心を向ける人もいるものの、それよりも圧倒的に強い壁を感じた。この妙な違和感に対して、「それほどまでに警戒心が強い共同体なのだろう」という安易な納得をし、私は安息日の食事会に参加できなかった残念な気持ちを埋めるために、サン・マルコ広場へと足を向けた。

翌日も私はゲットーに赴いた。木枠の低いポルティコから入ってさらに奥まで進むと、橋の向こうに大きく解放的な広場を擁する島がある。その一角に、小さいながら魅力的な展示を行う博物館がある。すでに何度も訪れてはいたが、もう一度足を踏み入れた。博物館は小さめの部屋がいくつか複雑に繋がっていて、所狭しと銀食器や燭台、聖書用の装飾などが並んでいる。展示ケースの光を反射してキラキラと光る細やかな装飾、色とりどりの糸を使って想像上のエルサレムを描いたタペストリー、ヴェネツィア名物のレースをふんだんに使った繊細な赤子服は、往時のユダヤ人の生活の豊かさをこれでもかと伝える。ヴェネツィアで出版された数々のヘブライ語書籍や儀礼書の展示は、ゲットー空間の中に息づいていた、思想や精神生活の広さも教えてくれる。

博物館では、チケットを買えばゲットーを巡るツアーに参加することができる。ツアーには何度か参加しているが、近年はツアーの種類が充実化していて、見学できる場所も増え、ゲットー内のシナゴーグをいくつか見学することもできる。金色に輝く塗装、ルネサンス、バロック、ロココなどの多様な要素を含んだ家具の彫刻、大理石や大理石に似せた壁材でふんだんに施された装飾は息をのむ美しさである。控えめながら絵が飾ってあるシナゴーグもある。ゲットーは一時期深刻な過密に見舞われており、その中で確保されたシナゴーグの空間は決して広くはないが、その分豊かさが凝縮して現れているように感じた。その壮麗さに圧倒されながら、いかに当時のトップレベルの技術が使われているかを熱弁するガイドの話に耳を傾けていた。

外に出ると、観光情報センターも設置されているのに気がついた。博物館の改装計画もあるという。観光地化がますます進み、ゲットーについてより多くの人に知ってもらう機会が増えていることを、私は素直に嬉しく感じ、帰国の途につく準備をした。

一　ゲットーを訪ねる視線

1　観光地化の弊害

二〇一九年四月、私はヴェネツィアへの留学をスタートした。最初はホストマザーの家に行くのもスーパーを見つけるのも苦労したが、ゲットーに行く道だけは迷わなかった。生活に慣れ始めたとある安息日に、今度はアメリカから進出しているハバド派という一派の礼拝に参加した。彼らはユダヤ教について知ってもらおうという動機が強く、観光客や異教徒にも礼拝や食事会を解放し、一緒に聖書を学ぶ勉強会も催していた。私が礼拝に慣れていないことを察した女性が私の横に座り、澱みなく進んでいく礼拝の次第を教えてくれた。礼拝所での朗読が終わり、目の前の開放的な広場にみんなでテーブルを出して食べ物や飲み物を広げると、英語での談笑が弾んだ。

その会話の中で偶然、ゲットーの観光地化を進める博物館のグループと地元の共同体の間で軋轢が起きていることを知った。話を聞きながら、観光客を増やそうとする動きと、以前覚えた共同体の異様なよそよそしさとがつながった気がした。ゲットーを訪れる観光客が増えることは、日常から離れた精神的な時間を過ごす地元の住民からすれば、必ずしも気持ちの良いことではない。その上、勉強を理由にしてよそ者が礼拝に踏み込んだのである。博物館で展示物を見るのと同じ感覚で、私は礼拝に参加していなかったか、と思い返し、強く頭を打たれた感じがした。あの礼拝でのよそよそしさは、普段から感じている観光客の視線を私にも感じたからかもしれない。

改めてゲットーを見回す。ここを訪れる観光客は、ヴェネツィアの他の空間とは違う何かを期待する。ゲットーのやや低い入り口を潜った時に感じる別世界の感覚は、その期待が作り上げた部分も大きいだろう。狭い通りに立ち並ぶパン屋やアートギャラリーの中に、ユダヤ的な象徴を求めて視線が動き回る。ショーウィンドーに飾られたメノラー（儀礼で用いる蝋燭立て）や聖書の場面が描かれた絵、ユダヤ人のレシピ本などを見つけると、観光すべきものを見た満足感を覚える。私はそうした視線の延長上に、今息づいている礼拝を捉えようとしたのである。この反省は、ゲットーという空間を再考する大きなきっかけとなった。

2　ゲットー空間をどう捉えるか

ゲットーと聞くと、多くの人がまず頭に浮かべるのは第二次世界大戦のナチス・ドイツの所業かもしれない。ナチスはドイツ国内のユダヤ人を異物と見做し、社会から取り出してゲットーに集めた。その目的は、ユダヤ人の身体と生死を管理し、効率的に抹殺することであった。しかし、ゲットーとは元々、その先の絶滅収容所に送るための中継地ではない。そもそもこの言葉が最初にできたのは二〇世紀のドイツではなく、一六世紀前半のヴェネツィアである。ヴェネツィアで誕生したゲットーは、ユダヤ人を社会から取り出して一カ所に集めるところまでは同じだが、その目的はユダヤ人のヴェネツィア社会への包摂と社会からの排除を両立させることであった。ユダヤ人をキリスト教徒とは別のところに置きつつも、ともに同じ社会で生きることを可能にした政策と捉えることもできる。

周囲を壁と運河で囲まれ、ボートに乗った役人が人の出入りを監視するゲットーは、間違いなくユダヤ人を隔離し、その行動を管理しやすくするための施設であった。しかしゲットーの壁は、決してユダヤ人の生活を制限しなかった。むしろ、キリスト教以外の宗教文化が許されていないイタリアの都市において、境界線で仕切られ、ユダヤ的な空間として画定されたことで、ユダヤ人の豊かな都市生活と宗教文化を内包することが可能となった。ちょうど劇場の舞台という区切られた空間が、むしろその中に現実世界を超えた想像力を内包するように。そうした「舞台」で華やかに動きはじめたユダヤ人の世界は、珍しい文化に関心を持つ多くのキリスト教徒の「観客」を惹きつけた。ゲットーがつくられ、そこを訪ねることでむしろ、キリスト教徒のユダヤ人理解が進んだ側面もある。ゲットーの壁は、ユダヤ人とキリスト教徒の交流を妨げることも決してなかったのである。

ゲットーがユダヤ人の豊かな空間を実現したからといって、ユダヤ人隔離の政策を肯定する訳ではない。そもそも、近代以前と以降の隔離政策を同列に扱うことはできない。近世におけるゲットーを評価するためには、近代以前のヨーロッパにおける人間観や社会観を考慮する必要がある。近代的な市民観念が成熟しておらず、権威が揺らぎ始めているとはいえ、未だキリスト教の思想が社会のあらゆる側面を規定している時代である。その中でゲットーは、非キリスト教的、非西洋的な世界との身近な接触を生み出した場として捉えることができる。すでにヨーロッパは大航海時代を経て、アメリカ大陸やアジアの諸地域に足を踏みいれ、それまであまり知られていなかった様々な宗教や文化と接触しながら、比較の視点を育み、他者を、そして自己を規定していった。そうしたダイナミクスの中に西欧におけるゲットーも位置づけて捉えることができるだろう。

一六世紀のヴェネツィアでゲットーが現れたということは、決して、西欧キリスト教社会がユダヤ人を受容したということではない。むしろ、他者であることをより明確にした形で西欧キリスト教社会の中に位置づけた。それゆえ、ユダヤ人には他者としての役割も押し付けられる。ヴェネツィア・ゲットーを観光しに行くキリスト教徒は、ユダヤ社会の生活の中に物珍しさ、奇妙さ、神秘的なものを期待した。また逆に、キリスト教社会が失ってしまった真なるもの、深淵なるものを探し求める者もいた。ゲットーの中では多様な活動が繰り広げられたが、そのうちのキリスト教社会と違うもの、キリスト教が持つべきでないもの、あるいは足りないものをユダヤ的な要素として捉える。そうして他者を理解・定義してしまう。

本書では、ゲットーが包摂と排除の装置として成立し、その後豊かなユダヤ人の生活を内包するまでになり、それゆえに好奇心に満ちた視線を集め、他者として理解されるまでを描く。ゲットーの歴史にまつわる問題には、異文化理解のプロセスに一般的に言えることも大いに含まれている。しかし空間を伴うからこその問題もある。ゲットーは、西欧キリスト教社会の中で、「われわれ」の空間と区別された空間を「他者」であるユダヤ人に割り当て、ユダヤ社会の中にある個別性や多様性は二の次にして、表象されているはずの「他者」すなわち「ユダヤ性」を観察し見出す姿勢を作ってきた。本書ではこうした空間ならではの問題を特に説明することを目指したい。

第一節では、ヴェネツィアのゲットーが成立するまでの歴史を概観する。なぜヴェネツィア社会からユダヤ人を排除しつつも包摂する必要があったのか、その背景を明らかにする。第二節ではゲットー空間の形態と変化を扱う。ヴェネツィア社会の文化多元主義的な文脈の中でゲットーを位置付け、またゲットーの中でどのようにユダヤ社会と生活が作り上げられていったかを示す。第三節では、ゲットーの中で行われていた様々な活動や文化の多様性と、ゲットーに惹きつけられたキリスト教徒たちが見出したものを、具体例をあげながら見ていきたい。運河と壁で仕切られたゲットーの空間が許したユダヤ人の生活の豊かさと、そこに寄せられた好奇の視線とを捉え、ゲットーの面白さとその問題性を示すことができれば幸いである。

二　ヴェネツィアのユダヤ人の歴史

1　近世までのユダヤ史概説

最初のゲットーができたのは、一五一六年のヴェネツィアであるが、そこに至るまでに、古代から続く地中海・ヨーロッパを移住するユダヤ人の歴史と、近世におけるイタリア社会でのユダヤ人の需要、および一六世紀初めの刻々と変わるヴェネツィアの戦況の変化がある。

「さまよえるユダヤ人」という言葉があるが、中近世のユダヤ人はまさに、様々な国の間を彷徨っていた。古代イスラエルにあった王国が滅んだあと、ユダヤ人は国を持たず、比較的安全に住める地域を探しながら各地を転々とし、地中海周辺を中心に少しずつ西へ、北へと移住の範囲を広げていった。一〇世紀頃になると、ドイツや北フランス、イギリスの地域にもユダヤ人共同体が見られるようになる。彼らは交易商人や両替商として都市社会で役割を担い、比較的平和にキリスト教徒と共存することができていた。しかし間もなくして十字軍遠征が開始され、またペスト流行の時代に入ると、ユダヤ人に対する暴力行為が繰り返されるようになり、また領主による追放令の憂き目にもあった。一二九〇年にイギリス王領から、一三〇六年にフランス王領から、またスペイン王国からは一四九二年にユダヤ人追放令が出された。ドイツ地域では各都市の領主が税収のためにユダヤ人を保護する例も見られたが、暴力行為や追放令も頻繁にあり、安定してユダヤ人が住める都市は多くはなかった。

イタリア半島では一四世紀頃までは南イタリアにユダヤ人の人口が集中していた。北アフリカからの距離の近さや地中海交易上の立地の有利により、シチリアやナポリでは比較的大規模なユダヤ人共同体がいくつも見られた。しかしナポリ王国が一六世紀初めにスペイン支配下に入り、一五四一年に追放令が出されると、多くのユダヤ人は半島北部に安全の地を求めるようになった。一四世紀頃から、商業を基盤に発展してきた北イタリアの諸都市国家は、各地から追放されてきたユダヤ人を歓迎していたからである。ユダヤ人はキリスト教の規範から外れて金貸し業を営むことができ、また地中海に大きなネットワークを持つ点で都市の商業に貢献することが見込まれ、また法外な税金を徴収できることで国庫の助けにもなった。

こうして一四世紀頃から北イタリアに次々に共同体が形成されていったが、その際にユダヤ人はコンドッタと呼ばれる契約を支配者と交わした。この契約には、例えば商業活動の権利や制限、また行動の条件などが書かれていた。金貸の利率や課税の詳細、宗教儀礼を行うことができるかどうかは、コンドッタによって決められた［Bonfil 1994: 85–90］。契約の主体は、一つのユダヤ人事業者であることもあったが、時代が下ると共同体全体との契約が増えた。ユダヤ人共同体はUniversità degli ebrei、nazione degli ebreiなどと呼ばれ、一種の法人のような形で活動し、都市の支配者とコンドッタの条件について交渉し、自分たちの生活の改善を追求した［Bonfil 1994: 179］。

2　ヴェネツィアへのユダヤ人居住とユダヤ人隔離

ヴェネツィアでは、拡大する支配領域に居住するユダヤ人が多くいたが、本島への居住は禁じられていた。ヴェネツィアに近いパドヴァやメストレのユダヤ人の金融商人は取引のためにヴェネツィアを訪ねるが、本島滞在が認められたのは一五日間だけで、その期間が過ぎると島を離れなければならなかった。

しかし、カンブレー同盟戦争（イタリア半島の権益を巡りヴェネツィア、フランス、教皇らが争った戦争）下の一五〇九年、ヴェネツィアはイタリア本土支配領域のほとんどを失い、多くの避難民を本島に受け入れた。すでに交わされていた特許状に基づいて、ユダヤ人も一時的に本島に避難した［藤内 二〇一一：五九―六〇］。ヴェネツィアはイタリア半島本土の領地をすぐに回復すると、一五一一年四月八日に本島に避難していたユダヤ人に対し、一ヶ月以内に本島を離れるよう命じたが、特別税を払って権利を得ている者、質を守る必要のある質屋にはしばらくの滞在を許可した。特別税により戦費を確保する必要があり、また貧困層が増大したことで金貸業の需要が高まっていたため、ユダヤ人の有用性を認識したヴェネツィア当局は追放に本腰ではなかった。むしろ、一五一三年七月にヴェネツィア共和国の十人委員会は、ユダヤ人共同体の代表であり質屋であったアンセルムとアブラムを呼び出し、特別年税の支払いと引き換えに滞在を認める、という条件を提示した［Ravid 1987: 213–214］。この時からユダヤ人のコンドッタの内容に五年間の居住許可が盛り込まれるようになり、この契約条件が更新され続けることで、その後一八世紀の共和国滅亡までヴェネツィア本島にユダヤ人が存在し続けることとなった。

しかし本島におけるユダヤ人の存在は、早くも反発を買うことになる。一五一五年四月六日のマリノ・サヌードの日記には、聖金曜日にあらゆる街角にユダヤ人の姿が見えることへの困惑が現れている。同年四月二三日、コレージョ（ヴェネツィア元老院の決定政策を執行する組織）では、ジョルジョ・エーモによってユダヤ人をジュデッカ島（二一頁、図2参照）に移す法案が作成された。翌年三月二六日、今度はザッカリーア・ドルフィンが、本島北部にあるサン・イェロニモ教区にユダヤ人を隔離することを提案すると、瞬く間に議会を通過し、三月二九日、ユダヤ人の隔離措置が決定した［Ravid 1987: 214–215］。二年の間の隔離措置に対する議会の態度の差は、当時のヴェネツィアが置かれていた戦況の差と言われている。当時、国の運命は神に委ねられているという思想が支配的であり、不利な戦況や経済不況などは神の怒りのしるしと考えられ、戦時下では有利になるために貧者への施しなどが積極的に行われていた。そうしたヴェネツィアの不利な状況を打開する一つの手として、隔離地区の設置が早急に決められたのである［Finlay 1982］。

一五一六年三月二九日付、隔離地区設置を命じる元老院令には、以下のように書かれている。

神を畏れる我が国の臣民は誰も、彼らがやってきて、まちのあらゆるところに散在し、彼らがキリスト教徒と同じ家で過ごし、昼も夜も好きなところに出かけ、多くの非行や忌み嫌い憎むべき事を行うことを望まない。これらはすべて広まってしまっており、明言することもはばかられ、荘厳なる聖母に対する重大な罪になりかねず、秩序ある共和国において通常ではない事態である。総力を挙げて適切で有効な措置をとらねばならない。かの大いなる混乱と見苦しい事態を避けるために、以下のように対策し決定する。すなわち、現在我々の町のあらゆる地区に住んでいるすべてのユダヤ人、およびこれからこの地にやってくるユダヤ人は、時代の要請があり、適切と判断されて法令が変更されるまで、速やかにサン・イェロニモの近くのゲットー（geto）にある中庭つきの住居に一緒に住まなければならない。そこは住人を充分収容できる場所である。彼らはこの命令に従わねばならず、これを免れることはできない。［Ravid 1987: 248］（写真3）

写真3　ゲットー・ヌオーヴォ地区。Fortis, *The Ghetto on the Lagoon*, Storti, 1993, p.17

最初に隔離地区に指定されたゲットー・ヌオーヴォ地区は、一四世紀は製銅工場のあった共和国の所有地であった。ゲットーはもともと地名であり、銅の精製過程でできた金属くずを投げる（gettare）という動詞に由来している［Calabi and Rosenberg 2017: 27］。ゲットーはヴェネツィア島北部のカンナレージョ地区、カナル・グランデから少し奥まったところに位置している。現在は北部にあるサンタ・ルチア駅から近く、賑わった場所に隣接しているが、鉄道駅ができる前、近世においてはヴェネツィアの入り口は南の港である。まちの中心は本島南のサン・マルコ広場と中央のリアルト橋付近であり、当時は北のカンナレージョ地区はまちの中でも最も開発が遅い地区の一つだったと考えられる。一五世紀半ばにはすでに工場は閉鎖され、払い下げられて、ダ・ブローロ家によって下層階級用の居住として再開発された、不動産投資のための場所であった［Calabi and Rosenberg 2017: 26; カラビ 二〇〇〇：一六二］。ユダヤ人の移住にあたっては、すでに住人のいたこれらの居住スペースを開け渡さねばならず、キリスト教徒に貸し出されていた賃料の三分の一を上乗せしてユダヤ人に貸し出された。ゲットー・ヌオーヴォ地区は運河に囲まれており、隣接地区につながる二つの橋が掛けられていたが、両方に門が設置され、日没から日の出までの時間は閉ざされた。キリスト教徒の守衛がこの門を管理し、またゲットー周辺の運河をボートで巡回し、ゲットーを一日中監視したが、彼らの給与額はコレージョが定め、ユダヤ人共同体が支払うよう命じられた。守衛の他にカッタヴェーリと呼ばれる役人がゲットー管理に関して責任を負った。彼らは週に一度ゲットーの様子を見に行き、運営が規定通りに行われているかをコレージョに報告し、違反者への罰則が確実に執行されるように取り計らった。

3　ユダヤ人居住区としてのゲットーの成立

前項で見たように、ゲットーという言葉は本来、ユダヤ人隔離地区という意味合いを含まない。この言葉はヴェネツィア本島北部にある地区の名前であった。ユダヤ人が最初に居住を始めたのはゲットー・ヌオーヴォ（新しいゲットー）であり、また後にユダヤ人の人口が増えると、隣接するゲットー・ヴェッキオ（古いゲットー）に住むようにもなるが、ここでの「新しい」「古い」は製銅工場だった時の土地の利用の順序であり、ユダヤ人が住み始めた順序ではない。一五一六年にヴェネツィアでユダヤ人隔離地区が設置された後、同じ隔離措置がイタリアの各地に適用されることとなった。一五五五年、ローマ教皇パウルス四世は Cum nimis absurdum（あまりにも馬鹿げているので）という勅書を出し、教皇領下のローマとアンコーナにユダヤ人の隔離地区を作ったのみならず、すべてのカトリック教国に向けて隔離地区の設置を求めた。教皇はユダヤ人をキリスト教に改宗させる手段としてユダヤ人を集住させ、毎週教会で説教を聞くように義務付けた［Stow 2001: 42］。この教皇勅書は「ユダヤ人の囲い地」という表現で隔離施設を呼んでいるが、一五六二年ピウス五世の勅書においては、ゲットーをラテン語化した **ghectum** という単語が用いられるようになった［Schwartz 2019: 34］。ここから、ゲットーはユダヤ人居住区の意味を持ち始めることになる。

ゲットー建設を求める教皇勅書は必ずしもすぐに各都市の支配者に受け入れられたわけではなかった。**Cum nimis absurdum** から一六年経った一五七一年、教皇の後ろ盾を得て大公称号を得たトスカーナ公コジモ一世は、その見返りにフィレンツェとシエナにゲットーを作った。トスカーナでは金貸業を営むユダヤ人に対する反発も根強かったが、コジモ一世のゲットー建設は決して教皇の政策に同調して行われたわけではなく、むしろトスカーナ公国の、教区を通した市民管理を強化する近代的国家建設事業の一つとして位置付けられる［Siegmund 2006］。フィレンツェのゲットーは、街で最も賑わっていた市場の隣に作られたが、ユダヤ人の商業上の役割を重視していたゆえであろう。さらにコジモの後継フェルディナンド一世は、トスカーナ支配下の港町、リヴォルノとピサにユダヤ商人を集めて交易を発展させようと、税優遇、儀礼の自由、不動産所有を許可する法令を一五九三年に定めた。この二つの都市には一度もゲットーが作られたことはなかった。

その後、ゲットーはイタリアの広い範囲で建設された。マントヴァには一六一二年、フェッラーラに一六二四年、ウルビーノには一六三四年、モデナには一六三八年、レッジョ・エミリアには一六七〇年、トリノには一六七九年である。一八世紀に入ってもゲットー建設は続き、イタリアの四〇を超える都市に設置された。ユダヤ人隔離施設としてのゲットーという言葉は一般的となり、一六世紀末頃からユダヤ人共同体の法令内に、また一七世紀初め頃にはイタリアの辞書にも現れるようになった［Schwartz 2019: 35］。

4　ヴェネツィアでの定住化

ヴェネツィアのゲットーの設置は、決してユダヤ人の永住を保証するものではなかった。コンドッタにおいて認められたのは、五年ないし一〇年間のユダヤ人の居住であり、この条項が更新されずに契約期間が過ぎたならば、ユダヤ人はまちを離れねばならなかった。コンドッタが更新されるかどうかは、ヴェネツィアの経済や交易、領土争いや戦争の状況に大きく左右された。特に一六世紀末までは、金融業に関わるコンドッタの更新が一回でスムーズに行くことは稀であった。更新時期になると、ユダヤ人の居住と質屋営業をよく思わない議員がユダヤ人追放を盛り込んだ対案を提出し、更新案が十分な賛成票を獲得できずに再投票を行った。議会で主張されたのは、ユダヤ人の存在は神に対する罪になるかどうか、ユダヤ人がいることでヴェネツィアに利益がもたらされるのかどうかであった。議員は教皇の政策を参照したり、ユダヤ人を追放したスペインや、ユダヤ人を多く受け入れたオスマン帝国の状況を分析しながら、国の幸運・不運とユダヤ人とを結びつけて論じた。追放法案が多数票を獲得し通過することも度々あった。一五二七年更新時、コレージョとアンセルム（一二頁参照）の間で、海軍のための特別税についての交渉が難航していた。アンセルムはユダヤ人が本島から引き上げると共和国が困るとにらみ、コンドッタの破棄をちらつかせながら特別税の支払いを拒否した。この状況を許容できなかった議員らが本島居住禁止案と追放案を提出し、三回の投票の末に追放案が通過した。しかしながら、すでにユダヤ人から借りている一万ドゥカートの返済方法についての協議に移ると、返済に関する法案が通過せず、結局追放は実行されなかった。またオスマン帝国との関係が悪化し、キプロス島を失っていた一五七一年にも、ユダヤ人の島内居住がヴェネツィアの不運を招いていると考える風潮が高まり、追放案が賛成多数で通過した。しかし再び、ユダヤ人から借りている借金の返済が議論になると、追放は現実的でないという結論に至る。コンドッタの更新は、ヴェネツィア当局にとってユダヤ人に揺さぶりをかけて特別税を課そうとするときの交渉の道具であったが、ユダヤ人共同体はただ要求を飲むのではなく、自分たちの経済的重要性を盾に交渉を有利に進めようとしたたかに対応していた。一五三七年に税金と融資の増額を突きつけられた時には、居住期限を一〇年にすることを条件に合意をした。また一五八六年以降は、更新の一〇ヶ月前にユダヤ人側が陳情を出し、それをコレージョが検討するという形で更新手続きが進められるようになった。一五九一年以降は、ほぼ自動的にコンドッタが更新されるようになり、ユダヤ人の居住はヴェネツィアの中である程度受け入れられるようになったと言える［Ravid 2003］。

ゲットー・ヌオーヴォにユダヤ人が隔離された時、ヴェネツィアに居住していたユダヤ人はイタリアの他都市から移住したイタリア系と、アルプス以北の神聖ローマ帝国領域からきたドイツ系である。ゲットー・ヌオーヴォ地区、およびイタリア系・ドイツ系の共同体は、ヴェネツィア国庫の支出・収入の調査をするカッタヴェーリ（十四頁参照）の管轄下にあった。特にドイツ系が金融業を独占し、そこで得た利益によって特別年税を支払い、ヴェネツィア当局との権利交渉も牛耳っていた。しかし、彼らの優勢は交易業の需要の高まりによって翳りを見せる。すでにオスマン帝国下で働いていたユダヤ商人はヴェネツィアに出入りしていたが、一五四一年には税制上の優遇措置を受けてより多くの東方交易に携わるユダヤ商人が流入した。一五三七年からのオスマン帝国との戦争により、東方交易が激減したためである。ユダヤ人がゲットー・ヌオーヴォに入りきらなくなり、当局は隣接するゲットー・ヴェッキオ地区もユダヤ人居住区として指定し、レヴァント系（東方系）ユダヤ人商人をここに住まわせた。この時、ドイツ系・イタリア系のユダヤ人は家族と共に長期的に住むことができたが、レヴァント系ユダヤ人については二年間しか居住が認められず、また家族は同居できなかった［Ravid 2002: 206–207］。さらに一五七一年にオスマン帝国との戦争によってキプロス島とクレタ島を失ったことは、ヴェネツィアの東方交易に大きな打撃を与えた。休戦した一五七三年、地中海で活躍していたユダヤ人大商人ダニエル・ロドリーガはヴェネツィア共和国の支配層と接触し、イベリア半島出身のスペイン系ユダヤ人をヴェネツィアに受け入れるように進言した。一四九二年のレコンキスタでスペインがユダヤ人に対してキリスト教への改宗か国外追放かを迫った際、改宗を拒絶しオスマン帝国に逃れたスペイン系ユダヤ人は、改宗を受け入れてイベリア半島に残った改宗ユダヤ人（コンヴェルソと呼ばれる）とのつながりをその後も保ち、それを活かして広く地中海交易を担っていた。当時、東方のバルカン半島とヴェネツィアを結ぶ主要ルートは、教皇領の港町アンコーナに取られてしまっていたが、スペイン系ユダヤ人を受け入れれば対抗してヴェネツィアに東方交易ルートを引っ張ってくることができるとロドリーガは熱弁した。ロドリーガは様々な提案をしながら五年にわたり交渉を続け、一五八九年に共和国はスペイン系ユダヤ人の受け入れを決定した。この時には交易商人にも長期の居住権が与えられ、また家族と住むことも可能となった［Ravid 1991: 148–154, 2003: 45–46］。

レヴァント系、スペイン系の遠距離交易商人の重要性を、ヴェネツィア共和国はすぐさま認識した。ゲットー・ヴェッキオ、およびレヴァント系・スペイン系の共同体は、商業取引を管理する商業五人委員会によって管理され、ドイツ系・イタリア系共同体とは別のコンドッタによって居住や生活、商業活動などが規定されていたが、このコンドッタは当初からほぼ自動的に更新されていった。さらに、スペイン系のユダヤ人の中にはコンヴェルソも含まれており、彼らが再びユダヤ教徒として活動することはキリスト教において異端であり死罪に値するが、共和国はこれを黙認し、さらに入国前の犯罪については問わないと規定することで異端審問裁判所の調査対象から外させた。共和国の資料においては、スペイン系ユダヤ人はポネント系（西方を意味する）と呼ばれているが、これは出身地をわかりにくくすることでコンヴェルソの問題を曖昧にする意図も込められていた。ヴェネツィアが多くの再改宗のユダヤ人を受け入れていることについてローマ教皇は抗議をしたが、教皇自身もアンコーナにユダヤ人商人を誘致するために、コンヴェルソがユダヤ教に戻ることを黙認していた、とヴェネツィアは反論している［Ravid 2003: 43–49］。また同じ規定はリヴォルノをはじめ複数の港町で採用されている。コンヴェルソのユダヤ教への再改宗を認めるかどうかはもはや宗教的な問題ではなく、東方交易ルートを確保するためのユダヤ人商人の取り合いの問題であった。こうして、ゲットーの中には様々な地域からきたユダヤ人が、それぞれの役割を担いながら定住するという形が出来上がった。

ヴェネツィアはゲットーを作った後、一度もユダヤ人の追放を行わなかったが、その背景には必要悪という考え方がある。国家に必要な役割として金融業と交易業がユダヤ人に割り当てられたが、ユダヤ人に担わせることによる危険性も認識されていた。たとえば、貧者のための小口金融を通じて、ユダヤ人はキリスト教徒をますます貧困に追いやるのではないか、あるいは交易ルートをユダヤ人が牛耳るようになり、ヴェネツィア交易全体が支配されたり取引の操作が行われるのではないか、という恐れを共和国の議会の一部は抱いていた。それでもなお両者は都市に必要な活動であり、誰かが担わねばならない。貧者から利子を取るという、教えに反する行為をキリスト教徒にさせるわけにはいかない、安全の保証されていない東方でヴェネツィアの商人を危険に晒すわけにいかない、という理由が、ユダヤ人の存在を許容しつづけた。またユダヤ人側も、望ましくはないが必要である、という自分たちの位置づけを理解し、そうした役割に甘んじつつもその重要性を利用した。ヴェネツィアにおけるユダヤ人の定住は、共和国の商業主義的功利主義と、それに協働するユダヤ人との間で成立した。

以上のようにヴェネツィア・ゲットーは、ヴェネツィア社会に及ぼすかもしれないユダヤ人の影響をコントロールしつつも、同時に彼らに国益上の役割を負わせるための、包摂と排除の折衷案として出現し、ユダヤ人の半永久的な居住を実現させた。しかし、ヴェネツィアの功利主義はユダヤ人を受け入れるにとどまらない。交易上の有用性があれば、ムスリムやプロテスタントなど、異教・異端の思想を持っている人々も受け入れていた。またヨーロッパの重要な交易都市として、様々な地域から異なる文化を持っている人々が往来していた。次節では、そうした「寛容」をモットーとする都市の、様々な民族が存在する文脈の中で、ゲットーの空間はどのように機能し、どのような生活を内包したのかを検討していきたい。

三　ゲットーの形と空間

1　商館（フォンダコ）とゲットー

一五一五年と一五一六年にユダヤ人の隔離政策案が出された時（一二頁参照）、その発想はどこから来たのだろうか。実は当時、異邦人のための居住施設は珍しくはなく、むしろ地中海に古くから受け継がれた要素の一つである。古代ギリシャ・ローマ時代にはパンドケイオンと呼ばれる施設が、旅人を一時的に滞在させる宿泊所として機能した。パンドケイオンは中庭型の建物を一般的なプランとし、外に対して閉鎖的、内に対して開放的な性格をもつこの形状は、異なる思想や文化をもつ人々の接触による混乱を避けつつ、帝国内の広範囲の移動をスムーズにする機能を果たした。この施設はビザンツ帝国を通してイスラーム世界に伝わるとフンドゥクと呼ばれ、機能とプランの形を継承しながらも新たな役割を託された。フンドゥクは旅人や商人の滞在先としてのみならず、商品を保管し取引を行い、また取引に発生する徴税を管理する機能も果たすようになり、中東地域からイベリア半島にかけてのあちこちの都市に設置された。イタリアの商人は東方交易においてフンドゥクを使っており、同じシステムを自分たちの都市でも適用したのが、イタリア語で商館を意味するフォンダコである。多くのイタリアの都市ではフォンダコは商人が滞在するためというよりも、商品を保管する倉庫の機能を果たしたが、ヴェネツィアの場合はイスラーム圏のフンドゥクの機能をより強く継承し、商人を収容して彼らの生活や取引を管理するための施設であった。ヴェネツィアのフォンダコは、都市内の集団の役割分担を徹底させる機能もあった。東方交易はヴェネツィア人やオスマン帝国人、ユダヤ人が担い、内陸交易はドイツ人やオランダ人、その他のヨーロッパ商人が担っており、フォンダコはそれらの商人同士の直接的なやり取りを制限することで、互いの事業領域に手を出すことを防いでいた。また、

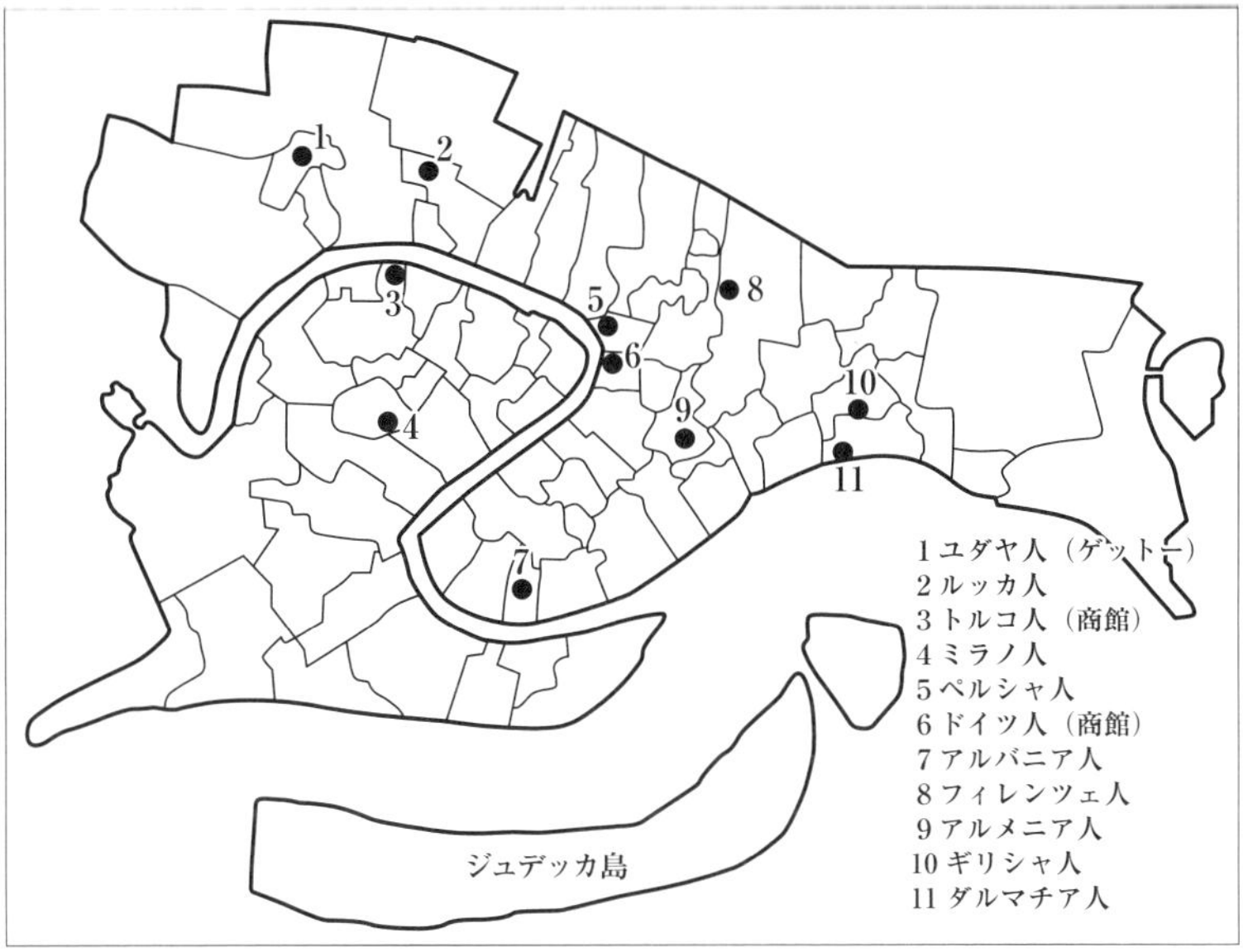

図2　ヴェネツィア市内の外国人居住区マップ。ヴェネツィアは様々な地域からの商人が往来し、フォンダコのみならず特定の街区に集まって住んでいた。

商売を行う場所を制限することは、ヴェネツィアが独占的に行っていた手工業の職人技術を守る目的もあった［Constable 2014］（図2）。

ヴェネツィアで最初のフォンダコは、一二二九年にドイツ人に貸し出されたフォンダコ・デイ・テデスキである（写真4）。ドイツ人商人は北方、スカンディナビアやロシア、バルト地域からヴェネツィアに商品を持ち込んでいた。ドイツ人のフォンダコはリアルト橋に程近い位置にあり、ドイツ交易が拡大するとともに商館も拡大していった。現在デパートとして使われているこの建物は一五〇五年の火事で消失した後に建て替えられたもので、四階建て中庭型の大型の施設である。一三一四年に、ドイツ地域から来た全ての商人はこの商館内に滞在するように命じられ、一四七九年には夜間に全ての門を閉ざすことが決定された。フォンダコは共和国の管理下にあり、共和国が任命した役人が商人の行動や取引を監視した。その目的は、当初は関税や商法を厳しく遵守させることであったが、一六世紀には宗教改革の思想をヴェネツィア市内に流

写真4　フォンダコ・デイ・テデスキの内部。現在は中庭も屋根で覆われている。

出させないようにするという理由も加わった。しかし、ヴェネツィアはローマ教皇との対立関係の中でプロテスタントにも寛容な態度をとりはじめ、一七世紀にはプロテスタントの宗教儀礼を認めている。また隔離措置は決して厳しくはなく、フォンダコの外で生活する永住ドイツ人もいた［Ravid 2013: 460–462］。

ヴェネツィアにはもう一つ有名な商館がある。フォンダコ・デイ・トゥルキはオスマン帝国商人のための滞在施設である。一五七〇年代のオスマン帝国とヴェネツィアの間の戦争により、ヴェネツィア内に滞在していたオスマン帝国人は身の危険を感じ、一五七三年八月に共和国に対して商館を求めた。ムスリムが街中を自由に行き来している状態は宗教的な理由からも秩序の問題からも良くないとの理由から、二年後には元老院でムスリムの商館を設置する法案が通過したが、彼らに特定の生活空間を与えることでムスリムの生活をそこに実現させ、宗教儀礼なども集団で行われるかもしれないという恐れから、どこに住まわせるべきか、誰が所有する建物を使うべきかが悩ましい問題となった。商業委員会は入念に建物調査を繰り返し、またふさわしいと思う建物を指定するが、準備が遅々として進まず、カナル・グランデに面した元フェッラーラ公の邸宅をムスリムのためのフォンダコとして準備できたのはやっと一六二一年になってからであった。商業委員会は三二条からなる長い法規を作り、建物へのアクセスを制限し、また中に住む商人の姿が見えないようにするための改修工事の取り決めを行なった。中央玄関以外の外につながる扉は全て壁に変えられ、外から内部が見えてしまう開口部は閉ざされ、隣の建物との間の壁、運河に面した壁はより高いものに作り変えられた。玄関は夜間には閉ざされ、キリスト教徒の護衛がついた。ムスリムの商人はフォンダコの外に居住する自由はなく、またフォンダコにムスリム以外の客人を招き入れることを厳しく制限されたが、しかしオスマン帝国との外交の重要性から非常に丁重に取り扱われた。建物のトラブルを訴えれば、共和国は迅速に対応した。キリスト教徒の使用人が世話係として任命され、中庭の井戸を常に水で満たし、定期的に清掃やゴミ回収が行われた。フォンダコ・デイ・テデスキとは異なり、オスマン帝国人には宗教儀礼の自由はなかった。しかしのちの調査によって、コーランの一節が壁に書かれた部屋が見つかっており、密かに礼拝用のスペースを作っていたのではないかと指摘されている［Ravid 1987: 234–243, 2013: 466–470］。フォンダコ・デイ・トゥルキは現在自然博物館になっているが、大理石で作られ優雅な装飾が施された内装に、当時のムスリム商人の生活の豊かさを窺うことができる（写真5）。

写真5　フォンダコ・デイ・トゥルキの運河に面した岸。ここから東方貿易によって持ち込まれた品物が運び込まれた。

ゲットーとフォンダコを比較すると、明確な違いはある。フォンダコは原則、商人の一時的な滞在を想定しているが、対しゲットーの場合は多くのユダヤ人がそこで生まれ、死ぬまでを過ごす。フォンダコは一つの建物からなっているが、ゲットーの場合は街の中に街があるようなものである。しかし中庭とそこを囲む建物からできているゲットー・ヌオーヴォの構成は、どこかパンドケイオンの典型的なプランに似ている。またその中で商業取引を行わなければならず、その外では宿泊してはならないといった法規の面でも、両者は非常に似ている。さらに、隔離された空間の中では、ある程度自分たちの文化や慣習に則った生活をすることができ、またヴェネツィア内での社会的役割も守ることができたという点も似通っている。オスマン帝国人が自分たちの安全のためにフォンダコを作るように要請し

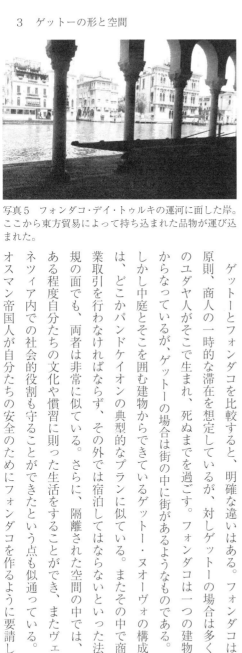

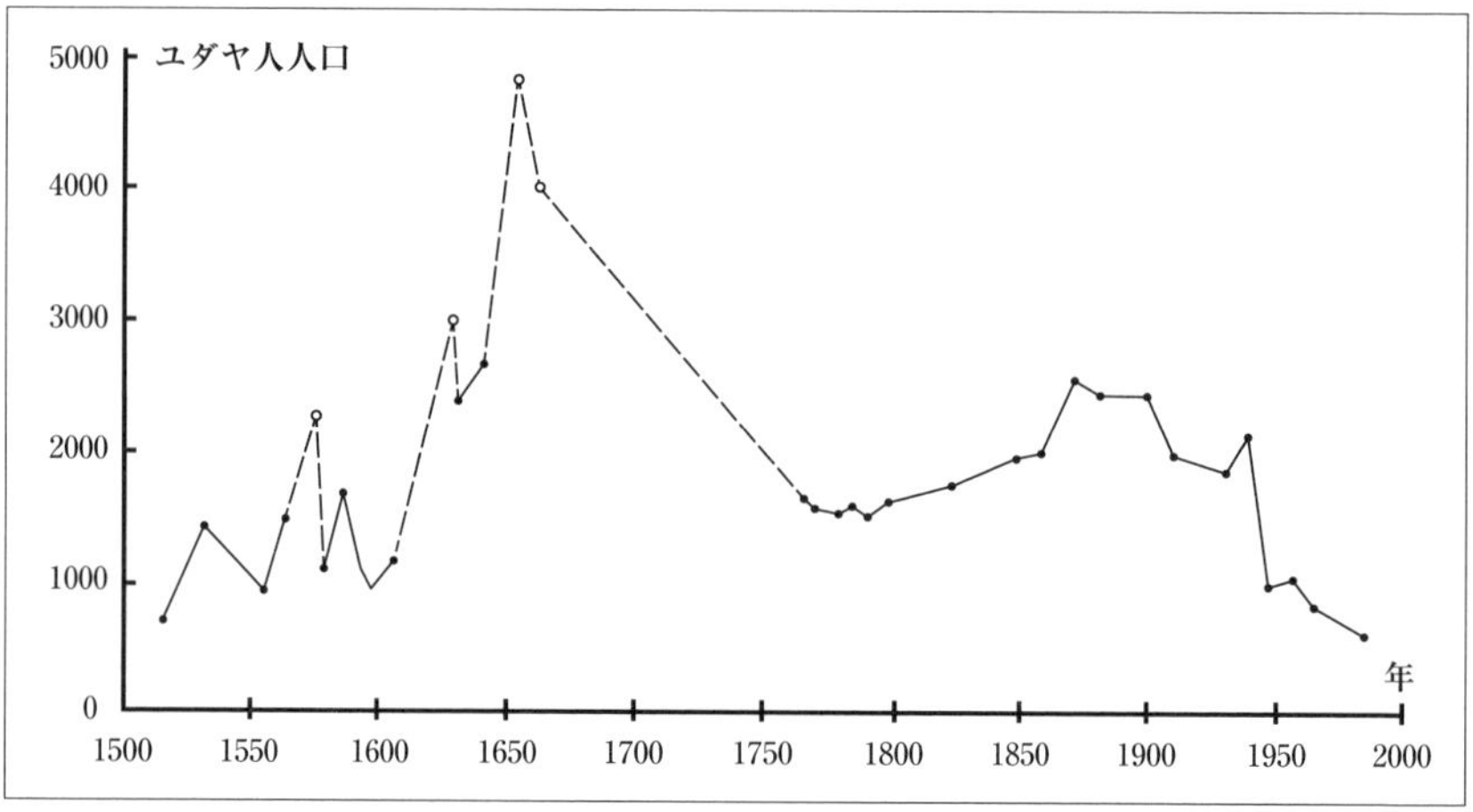

図３　ゲットー内の人口変化。Della Pergola, Aspetti e problemi della demografia degli ebrei nell'epoca preindustriale, in *Gli Ebrei e Venezia*, p.204

た時、「ユダヤ人にゲットーがあるように、交易の利便性のために自分たちにも独自の場所」が欲しいと訴えたというが［Ravid 1987: 234］、当時のヴェネツィアの人々にとっても、ゲットーはフォンダコのような場所と認識されていたのだろう。広い地域からの人と物の行き来の多い文化圏の中で、異なる社会集団をうまく収容させるために生まれたパンドケイオンの伝統を、ゲットーも継承しているのである。

２　ゲットーの変化

ヴェネツィアはユダヤ人にとって魅力的な街であり、ゲットーの建設後もユダヤ人の流入は止まることはなかった。最初の二〇年で二五％ほど人口が増加し、持ち主であるダ・ブローロ家の賃貸収入は五年で六〇％も増えた。一五八九年には一六〇〇人ほど、一六五四年には五〇〇〇人弱にまで膨れ上がった（図３）。この時にはヴェネツィア全体の人口の三％ほどを占めていたことになる。一六世紀半ばには深刻な密集状態になり、衛生管理のために当局から調査が入り、通りの清掃やゴミの処理をどのように行うか、提案がなされた［Calabi 2001: 38］。

ゲットー・ヌオーヴォの中庭は、住居が建てられて侵食され

写真６　不規則に床が積み上げられたゲットー・ヌオーヴォの建物。

写真７　ゲットー・ヴェッキオ地区の細い通り。Calimani et al, *The Venetian Ghetto*, Electa, 2008, p.20

ることは決してなかった。中庭は共同体のシンボル的な場所だったのだろう。その代わり、膨張する人口を収容するために、中庭を囲む建物がどんどん高くなっていった（写真６）。天井高の低い層が上に上にと積み上げられ、八階にまでなる建物もあった。屋根の上や張り出したバルコニーも居住スペースとして拡張していった。対してゲットー・ヴェッキオの方は、当初多かった空き地に次々に住居が建てられ、細い通り一本を挟んで両側に建物が迫り来る構造になった（写真７）。二つのゲットーの空間の使い方は、それぞれの共同体の社会的役割や生活リズムの違いともリンクする。ゲットー・ヌオーヴォは銀行を中心に共同体が成り立っており、その営業時間によって生活リズムが決まっていて、より厳格な全体統制が取れていた。それに対してゲットー・ヴェッキオの方はゆるく自由なリズムが流れていて、個々人の商人がそれぞれのタイミングで商品を持ち込み、倉庫内に保管していた［カラビ二〇〇〇：一七四―一七五］。

ゲットーには多い時で二五〇〇ほどの住戸があったが、小さめの一つのアパートメントに八人から一〇人の家族が住んでいた。複数の家族が一つのアパートに住んだり、アパートメントの一部を他人に貸すことも稀ではなかった。ゲットー内の居住スペースは、一つの部屋を二つに分けたり、壁をぶち抜いて二つの部屋を一つにしたり、階違いの部屋を複雑な通路で繋いだりと増

写真８　運河に向けてあけられた開口部とアクセス。

改築を繰り返し、次第に迷路のようになった。全ての住戸のアクセスを確保することが難しくなると、ゲットーの外側に開口を設けてはならないという当局の定めた規定を破り、運河側にもボートで出入りできる玄関を設け始めた（写真８）。ユダヤ人は一階部分と土地の所有権を持っていなかったが、jus gazaga という制度により、家主に一定の賃料を払いさえすれば二階以上の部屋については自由に改築して人に貸すことができた。それゆえ、部屋数を増やすことは不動産投資にもなった。例えばルッツァット家は早い時期にゲットー・ヴェッキオに多くの居住スペースを作り、ユダヤ人に貸し出すことで安定した収入を得ていた［Calabi and Rosenberg 2017: 37–38］。

もはや二つのゲットーでは空間が足りず、一六三三年に共和国は隣接する島に二〇家族分の居住スペースを確保し、壁で囲んでゲットー・ヌオヴィッシモ（もっとも新しいゲットー）とした。新たにここに移住してこないよう、当局は隣のゲットーとの出入りを当初制限したが、にも関わらず人口増加はここでも急速に進み、三〇年後には二七家族に増え、一八世紀には六〇家族が住んでいた。

一度ゲットーが設置されると、そこはユダヤ人の生活に合わせた街となり、様々なサービスや店が展開した。一六世紀の間、ラビ（ユダヤ教の宗教的指導者）の関心の中心はいかに自分たちの安全を確保し、またユダヤ人の生活に必要な品物を扱う店の営業を行うかであった。ゲットーができてすぐに、肉屋、パン屋、八百屋、チーズ工場が資料に現れる。ユダヤ教の食餌規定は厳しく、肉、乳製品、パン、ワインなどは特に気を遣わねばならなかった。街灯の管理をする人、通りの掃除をする人、共用の井戸の水を管理し各戸に水を販売するサービスもできた。

一五八二年の調査記録では、五五人のユダヤ人が所有する一九九戸のうち、一二七戸が店であった。床屋、仕立て屋、本屋、材木屋などもあった。さらに、外から来たユダヤ人のための宿泊所や、棺桶の保管所、病院や教育施設も設置された［Calabi and Rosenberg 2017: 31-33］。

ゲットー・ヌオーヴォの中心となっている銀行は三つあった。今でもゲットーに行くと、入り口の上にBanco Rosso（赤い銀行）と書かれた建物を見つけることができる（写真9）。これに加え、「黒い銀行」と「緑の銀行」があった。ユダヤ人の金貸業は貧者のための少額融資方法を確保するために許可されたので、全ての銀行はアクセスしやすい一階に設置され、利率がわかりやすいように掲げられていた。またキリスト教徒を相手に法外な利率で貸さないように、監視役も付けられていた。通常ユダヤ人が行うのは借用書による貸付ではなく、質を担保に入れて貸し付ける質業である。質が流れると、Strazzariaと呼ばれる古物を取り扱う店で売られた。質として持ち込まれる品物は品質が良いものが多かったので、昼間の門が開いている時間に、ここに買い物にくる客は多かったようである。また豪華な家具やカーペット、祝祭時に使う装飾品などを借りに来る客もいた。ゲットー内のこうしたサービスに新たな顧客を獲得するために、許可を受けたキリスト教徒がブローカーとして町中を動き、取引の幅を広げた。しかし禁止されているにも関わらず、ユダヤ人が自ら出向いて品物の売買をすることもしばしばあった［カラビ二〇〇〇：一七〇―一七一］。

写真9　ゲットーの銀行跡。

3　多様なシナゴーグと宗教生活

ユダヤ教の信仰の中心は、シナゴーグと呼ばれる礼拝所である。シナゴーグは共同体の精神的な中心として、その外の日常からは切り離された空間を作り出す。近代より前に作られたものは、その外観に何のしるしもなく、礼拝所があると判別できないことも多いが、内装はかなりお金をかけて、豪華にするのが通常である。その意味で文化的な中心でもあり、各時代の信仰や思想にちなんだモチーフ、当時の流行のデザインが現れる。町の最も優れた建築家・芸術家に設計を依頼するべきと考える宗派もある。また共同体の活動の中心でもあり、共同体運営の会議、聖書を読むための教育、ユダヤ法を学ぶための学塾、緊急の際の避難場所としても機能した。

シナゴーグは教会のように個別の建物である必要はなく、個人宅の部屋の一つをシナゴーグにすることもある。ヴェネツィアをはじめ多くのイタリア都市で作られたシナゴーグは、建物の一部を作りかえたものである。ユダヤ法では天に近くなるよう、街のもっとも高い部分に作るように定められている［Calimani, et al. 2005: 36］。実際にはヴェネツィアでは、シナゴーグができた後もゲットー内のアパートメントは増え続け、シナゴーグよりも高い建物が多くできてしまっている。

ヴェネツィアでは、ドイツ系・イタリア系・フランス系・レヴァント系・スペイン系など出身地に応じた共同体があり、それぞれが異なる礼拝の慣習を持っていた。それゆえにシナゴーグもそれぞれに分けて作られた。ヴェネツィアやイタリアの多くの地域では、キリスト教もユダヤ教も、宗教共同体の中心となる建物はスクオーラと呼んでいた。

ゲットーに最初に作られたシナゴーグは、一五二八年のスクオーラ・テデスカ（ドイツ系シナゴーグ）で、ゲットー・ヌオーヴォの建物の三階に設置された（写真10）。当初は金や大理石といった高価な建材を使うことは禁じられたので、代わりに金色の塗料や、マルモリーノと呼ばれる崩した大理石と石灰で作られたヴェネツィア特有の漆喰で装飾が施された。窓には真っ赤なカーテンがかけられ、豪華な雰囲気を生み出している。上階には女性用の礼拝スペースがぐるりと楕円状に一周するバルコニーのように作られており、下階には歪んだ台形の部屋の両端にトーラー（ユダヤ教の聖典）を収める聖櫃と説教台が置かれている。説教台は当初は部屋の真ん中、天井に明かりとりが作られている真下に置かれていたと考えられている。真ん中に説教台を設置するプランはアシュケナジ系（ドイツや東欧のユダヤ人）のシナゴーグに多いが、年月とともに徐々に他の慣習に影響され、一七世紀に説教台は壁に移動した［Fortis 1988: 31］。聖櫃は造り替えられた際に、ヴェローナから持ってきた大理石の上に置かれ、また当時ヴェネツィアの教会でよく使われていた二つに分かれたペディメント（建物の正面の切妻形の部位）の装飾を施している［Calabi and Rosenberg 2017: 73］。

一五三二年にはスクオーラ・カントンというフランス系のシナゴーグが作られた。カントンの語源は説が複数ある。このシナゴーグはゲットー・ヌオーヴォの角に作られたが、建物の角をイタリア語でカントーネ、ヴェネツィア方言でカントンと呼ぶから、あるいは、このシナゴーグを作るのにお金を出した家系の名前という説もある。フランス圏でゲットーをカントンと記述する例もあり、そこから来たという説もある［Calimani et al. 2005: 50］。スクオーラ・カントンはエリッツォ家が持っていた建物の三階に設置され、運河に向けて大きな窓がとられている。長方形の部屋の両端に聖櫃と説教台が置かれたプランで、説教台の上には八角形の自然光の明かり取りがある。ここでも金色の塗料での装飾と赤いカーテンが荘厳な雰囲気を作っている。女性用の席は上階の一面だけに取られており、透かし彫りのされた窓をわずかに開けて下階の礼拝の様子を窺っていたようである（写真11）。

写真10　スクオーラ・テデスカの説教台。上層に女性用のバルコニーがめぐっている。

一七世紀にはパラッツォ・ドゥカーレの正面装飾などを手がけ

写真11　スクオーラ・カントンの上層の女性席から透かし窓を通してシナゴーグを見る。

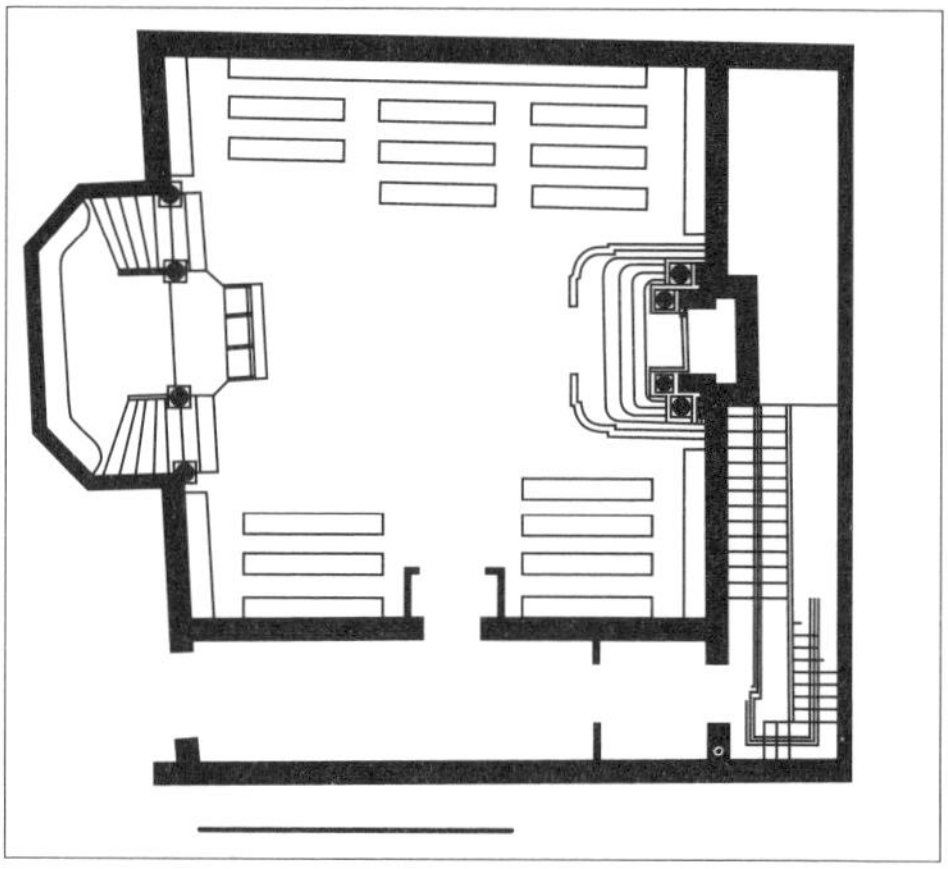

図4　スクオーラ・イタリアーナの平面図。トーラーが納められた聖櫃と説教台が両極の壁に配置されて向かい合い、その間をベンチが平行に走るプランは、ヴェネツィアの全てのシナゴーグに共通する。Fortis, *The Ghetto on the Lagoon*, Storti, 1993, p.58

た有名な建築家、バルトロメオ・スカルフロットによる改装が行われている。また、同じ建物の中に、子供の教育施設と宿泊用の小さな部屋を備えていた [Calabi and Rosenberg 2017: 71–74]。

イタリア系のシナゴーグが最初に作られたのがいつなのかは定かではない。おそらく最初はダ・ブローロ家の所有する建物の一階にあったが、その後三階部分（現在の場所）に移された [Calimani et al. 2005: 58]。数回の増築の後、一五七五年に全体が作り替えられている。ゲットー・ヌオーヴォの中庭に面しており、広場にむかってトーラーの五書にちなんで五つの大きな窓が取られている。部屋は正方形に近く、両端に聖櫃と説教台を置き、説教台の上には自然光の明かり取りがある（図4）。現在残っているシナゴーグは、一八世紀の複数回にわたる改修と、一九世紀初頭のピエール・アンジェロ・フォッサーリによるリノベーション後のものである [Calabi and Rosenberg 2017: 75–76]。スクオーラ・テデスカやスクオーラ・カントンと比べると華美さはないが、木彫りの装飾と白を基調とした壁・天井は全体の調和を強調している。

同じくレヴァント系のシナゴーグも、作られた年代が定かではない。一五六六年にミノット家がレヴァント系共

写真13　スクオーラ・スパニョーラ。Calimani et al., *The Venetian Ghetto*, P.86

写真12　スクオーラ・レヴァンティーナ説教台を支える螺旋状の柱 Calimani et al., *The Venetian Ghetto*, P.67

同体に建物を貸している記録があり、一五八二年にはここがスクオーラと呼ばれている。ゲットー・ヴェッキオの小さな広場に面する建物の二階にあり、装飾の施された格子窓と赤いカーテン、説教台の出っ張り部分が建物の外からも目立つ。同じ建物には短期滞在の交易商人に向けて貸し出す部屋や倉庫、また病院も併設されていた。スクオーラ・レヴァンティーナはゲットー・ヌオーヴォの二つのシナゴーグと比べるとはるかに広く、また豪華に作られている。シナゴーグの内装はヴェネツィアで人気の高かった建築家、ロンゲーナの工房の様式を踏襲している。説教台の脇にある螺旋状に巻いた柱は、エルサレムのソロモン神殿にあったものと当時考えられており、同じモチーフが多くの宗教画やローマのサン・ピエトロ内にも用いられている［Calabi and Rosenberg 2017: 76–80］（写真12）。

スペイン系ユダヤ人のシナゴーグは、おそらく一六世紀の末頃に作られた。スクオーラ・レヴァンティーナに対して広場を挟んで対角線上にある。隠れユダヤ教徒として長い間、公の場で儀礼を守れなかった人たちのために、このシナゴーグでは初期から教育が熱心に行われていた。一七世紀の初頭に家主から買い取られた後、シナゴーグは拡張され、ロンゲーナの工房に近かったユダ・カミスやヴェネツィア内の複数のパラッツォを手がけたジュゼッペ・サルディなどにより何度も改修された［Calabi and Rosenberg 2017: 77–78］。両極に置かれた聖櫃と説教台の両方に大理石がふんだんに使われ、同時代の教会に着想を得た装飾が至る所に見つかり、レヴァント系シナゴーグに増して壮麗な空間を作り上げている（写真13）。

これらの出身地ごとのスクオーラのほかに、小さなグループの特別な慣習や学びのために作られた施設もあった。ゲットーの橋の近くに、コーヘン家、ルッツァット家、メシュラム家がそれぞれ私設のスクオーラを作っている。コーヘン家とメシュラム家のスクオーラは女性用の祈祷場所を設けていたが、ルッツァット家のものは学習の場イェシヴァの役割も果たし、女性席は設けられていなかった［Concina 1991: 96］。

4 様々な共同体の活動

このようにして、信仰の拠点となる空間ができると、そこを中心に共同体の活動が展開した。シナゴーグでは共同体の会議が開かれ、またそこで決定したことはそれぞれのシナゴーグで宣言されて共同体のメンバーに通達された。他の多くの都市と同じように、ヴェネツィアの共同体運営の中心となる権威は二つある。一つは世俗的な自治組織で、これは共同体の運営や街での生活の改善、ヴェネツィア当局と連携して共和国の決定事項を現実化したり、コンドッタの条件を変えてもらうなどの交渉を行った。もう一つのラビは宗教的な権威で、自治組織の決定事項や個々人の生活、町で提供されているサービスが宗教法に則っているかを判定した。

自治組織では、出身地ごとにそれぞれの代表者を出し、会議を構成していた。一七世紀初頭の自治組織の会議の記録が、Libro Grande（大きな本）という名で残っている。これによると、自治組織には委員会と大会議の二種類の会議があり、委員会では議論や法案の策定を行い、その投票を大会議で行う。こうした議会の運営方法や、箱にボールを入れていく投票方法は、ヴェネツィア共和国で行われていたものと非常に類似している。会議はイタリア系シナゴーグかドイツ系シナゴーグで行われていたようである。委員会には銀行運営を管轄する銀行委員会、共同体内の各メンバーの課税額を決める査定委員会、全体を統括する小議会の三種類があった。これら三つの委員会には、力の強かったドイツ系・スペイン系・レヴァント系のうち、年一二ドゥカート以上支払っている納税者から代表者が選ばれた。代表者の選定においては、利害関係のある人々の間で権力が独占されないように委員選出の細かな規定があったが、現実には委員をやりたがる人は少なく、人員不足ゆえに、また当局との交渉経験のある人を確保するために、この規定は緩和されていった。委員内の構成を見ると、一七世紀初めにはドイツ系の代表者が半数を占めていたのに対し、一七世紀半ばにはスペイン系とドイツ系が同数の構成となっており、力関係の拮抗を表している［Malkiel 1991］。

共同体の自治組織は、経済的に裕福な世俗的指導者によって運営されていたが、ラビの権威の源泉は宗教法に関する学知である。ユダヤ人が共同体を形成する際には必ずしもラビは必要ではないが、共同体がユダヤ法に則って運営されていることを確認し、それを共同体のメンバーに示すには、法の知識を持ったラビのお墨付きが不可欠である。また共同体の方針に従わない者、異端的なメンバーに対して破門をちらつかせることで、共同体の統率をやりやすくするという役割もラビには期待された。しかし、ユダヤ社会を守ろうとする大枠の目標は合致していても、宗教的に正しい生活を追求するラビと、共同体の利害や当局との平和的な関係を維持しようとする世俗の指導者では、意見が対立することもしばしばあった。近世のイタリアでは共同体が職業ラビを雇う形をとることが多く、その意味では世俗的指導者の方が大きな力を持っており、また一七世紀には指導者らがラビの権威を制限する法規を定めることで、ますますその傾向が強くなった。一五九四年には自治組織は正式な決定権を持つラビを三人までと狭めた。またラビが破門の決定を下しても、その人物が共同体にとっての重要な人物であったりすると、破門を覆したり、時には共和国当局が干渉することもあった［Bonfil 2004］。

ユダヤ人共同体には通常、メンバー同士の自助を行う兄弟団があった。これらの団体はヘブライ語の社団を意味

33

するヘブラー、ヴェネツィアの表現で兄弟団を意味するフラテルナなどの名前を冠していた。ヴェネツィア・ゲットーには二〇ほどの兄弟団があり、出身地ごとの共同体の管理下におかれ、それぞれのシナゴーグを拠点として活動していた。トーラー学習の機会を提供する団体、葬式を組織する団体、孤児や寡婦の生活を助けたり、貧しい家の娘の嫁入り資金を調達する団体などがあった。一口に兄弟団といっても性格の違いがあり、貧者のための公共サービスや経済援助を行う場の他に、宗教的に敬虔な人たちが集まって熱心に宗教活動を行う場、富裕層の人脈を広げる場などがあった。団体の性格も、会費を取ってメンバーに迎え入れ、メンバー同士のみで援助を行う閉鎖的なものから、メンバーかどうかに関わらず援助を提供するものまで様々であった。各兄弟団は出身地ごとの共同体の管轄下にあったが、イタリア系の兄弟団の中にスペイン系やレヴァント系のメンバーがいたりと、共同体の間の境目は曖昧であった［Horowitz 2000, 2002］。

ゲットーは五年あるいは一〇年という契約の期限があったものの、三五〇年にわたって更新され続けたため、永住するユダヤ人は多く、生まれてから死ぬまでをヴェネツィア・ゲットーで過ごした。ユダヤ教徒の男子は一三歳、女子は一二歳で宗教法を守る責任を負う成人とみなされる。そのためにユダヤ社会では子供にトーラーの読み方や基本的な戒律を教える。ゲットー・ヴェエッキオには、当初果樹園だった場所にカロニモス・ベルグラードという有力者が創設した学校があった。この学校で教えていたラビ、レオネ・モデナが学生に代わって書いていた手紙によると、日曜・月曜・火曜の朝にはマイモニデス（十二世紀スペイン・北アフリカの学者）らの解釈を用いて安息日の法を、水曜・木曜の朝にはラシ（一一世紀フランスの註釈者）の解釈に基づいてその週のトーラーの朗読箇所を、金曜の朝にはその週のハフタラー（週ごとのトーラー朗読と共に読む預言書の決められた箇所）を共に扱い、平日の午後には預言書とヘブライ語の書き方、イタリア語の文法を学んでいた。安息日にも学習は禁止されておらず、詩編を学んでいた。またもっと進んで女性のための法や食餌規定の法を学んでいた学生もいたようである［Adelman 1989］。

34

ゲットーはヴェネツィアを往来する様々な民族の居住区の一つとして、異文化を内包する機能を継承し、ユダヤ人社会を作り上げた。ゲットー・ヌオーヴォとヴェッキオがユダヤ人の居住区として指定されると、ユダヤ法の規範に従ってユダヤ人社会を組み立てるラビと、共和国の方針に倣い、また関係を維持しながらユダヤ人の社会的役割を保とうとする世俗の指導者の下で、ユダヤ人として生活しやすい空間が出来上がった。この空間は徐々に、すぐ近くで異文化に触れることのできるコンタクトゾーンへと変貌し、ヴェネツィア社会とユダヤ社会の交流を支えた。次節では、ユダヤ社会がいかにユダヤの伝統の外から影響を受け、またキリスト教徒がどのような魅力をゲットーに見出していたのかを明らかにしていこう。

四　コンタクトゾーンとしてのゲットー

1　ユダヤ社会の豊かな文化

近世のヴェネツィアには、様々な宗教や文化圏から持ち込まれた多様な慣習・思想が入り乱れていた。一四世紀頃に始まったイタリア人文主義が発展すると、古代のギリシャ・ローマの思想に限らず、シリアなど東方の文献にも興味を示した。そうした関心を持つキリスト教徒の中には、聖書の原典や古代の思想を深く学ぶうちに、自分たちの時代のキリスト教の教えに疑問を持つ者も現れた。一六世紀のドイツで起きたプロテスタンティズムの思想はヴェネツィアにも交易を通して流入し、また「寛容」を謳っていた都市は異端とみなされた思想家の避難先となった。自然科学についてもヴェネツィアは重要な地であった。支配領域内には当時の最高峰の大学の一つであるパドヴァ大学を擁していて、医学や天文学などで最先端の知識を伝えていた。ガリレオ・ガリレイのような教会の教えと対立する学者もしばしばここで教えている。

35

ゲットーもまた、それらの文化の影響を大いに受けた。ゲットーの中の日常生活は資料に残らないことが多いが、前節でも触れたヴェネツィアのラビ、レオネ・モデナ（一五七一〜一六四八年）は自叙伝や多くの書簡を残しており、ゲットーの中の様子を今日の私たちでも窺い知ることができる。モデナは当時、ユダヤ社会およびキリスト教社会に広く名の通ったラビであり、両社会からヴェネツィア・ゲットーを訪ねるさまざまな人々と出会い、またゲットーに流れ込んでくる最先端の科学的知識、宗教的潮流、芸術活動に触れた。またモデナ自身もそれらの異文化に開放的な態度をとり、その活動に積極的に携わり、また時にはその変化がユダヤ社会にもたらす問題に対峙した。まさに、ヨーロッパ・地中海の多様な文化や思想が邂逅するコンタクト・ゾーンの真ん中に生きた人物であったと言える。本節ではレオネ・モデナの残した資料を参照しながら、彼の周りで何が起きていたのかを通してゲットーの中の文化やキリスト教徒との交流について明らかにしていく。

当時の最先端の科学的知識は、ユダヤ人をも大いに魅了し、積極的に学ぶ者が多く出てきた。ヴェネツィアにほど近いパドヴァ大学は、ヨーロッパでもっとも早く解剖学を取り入れた大学の一つで、医学の最先端を担っていた。ユダヤ人は医学部にのみ進学が許されており、一六一七年から一八一六年までに三二〇人のユダヤ人が卒業した。パドヴァ大学には西はスペインから東はロシアまで、幅広い地域の学生が集まっていた。さらにユダヤ人もドイツや東方を中心に各地から学びにきていた。ここで学んだユダヤ人は、宗教にかかわらず多様な地域の文化と触れ、さらに卒業後にも知的ネットワークを築いていた。大学で学位を得ることはユダヤ人共同体にとって大きな誉れであり、卒業と同時にラビの称号を与えることもしばしばあった。またレオネ・モデナは卒業生の多くに記念として賛辞の詩を贈っている。そのうちの一人、モデナの友人であり学問仲間であるヨセフ・ソロモン・デルメディゴは、一五歳の時にパドヴァ大学への入学を認められ、医学を学んだ。当時の医学生は自然科学の幅広い分野を学ぶことを求められており、デルメディゴはガリレオの元で天文学を学び、またガリレオが開発したばかりの三〇倍の望遠鏡を使うことを許された数少ない学生の一人であった。デルメディゴは卒業後、しばらくヴェネツィアに滞在したあと、東方に渡って医者とラビの仕事を続けた。

近代科学につながる学知の営みは、それが宗教の中にある伝統的な知と相いれない側面を持つという点でも、また特定の宗教や民族に関わらないという点でも、信仰にとって脅威になりえた。パドヴァ大学では自然科学だけでなく自由学芸の授業に出ることもでき、加えて多くのキリスト教徒との触れ合いがあったことで、自分たちの信仰を守ることが難しいと感じたユダヤ人学生がいたことが、卒業生自身の著作からわかっている。ヨセフ・デルメディゴは著作の中でこう述べている。

これは、パドヴァに自分たちの息子を送る親たちへの警告である。トーラーの灯が彼らの上に輝き、信仰の資質が彼らの魂に根付いて他に逸れることがないようにする前に、彼らを「哲学化」してしまわないように。

デルメディゴは在学中にしばしばヴェネツィアを訪れてモデナなど多くのラビたちと交流を持ったが、自身の信仰の基盤をヴェネツィアのゲットーで確認したとも考えられる。信仰が揺らいでしまう学生が続出したために、パドヴァではソロモン・コネリアーノが準備学校を設立し、大学に入るための予備知識とともにラビになるための知識を教え、トーラーと医学とをつなげ、大学に入っても迷うことがないように信仰の強化に努めた［Ruderman 1995: 100–117］。

科学的な活動はゲットーのユダヤ社会にも浸透していき、身近な存在となった。ユダヤ社会では、共同体や信仰に問題や疑問が生じた際にラビに質問状を送る慣習があるが、レオネ・モデナのもとに送られた質問状の中には、当時の天文学の発見とユダヤ教の間の齟齬に関するものも含まれている。モデナはガリレオの出版物を読んでいたと思われる節があり、新しい知識を積極的に取り入れていた。またより実践的な形で科学的な知識が生活に根付いたことがわかるのは、錬金術である。デッラ・ポルタの『自然魔術』からは、当時は何らかの方法で金や銀を作ることができると信じられていたことが窺えるが、ユダヤ人もこうした知識をもとに、ゲットー内に実験場を作り、錬金術にいそしんでいた。モデナは自叙伝で、しばしば金属や薬品を使った実験をしていることをほのめかしている。またモデナの息子モルデカイは仲間と共に銀を増やす実験を行い、一オンスの銀と九オンスの鉛から一〇オンスの銀を作るのに成功した、とモデナは記述している。モルデカイはさらに実験を続けたが、おそらく金を作る実験でヒ素を吸って血を吐き、後遺症に苦しんだ後に亡くなってしまった。

この時代の科学的な営みは、伝統的な知識と対立する側面もあったものの、しかし依然として宗教的な営みと不可分である。デルメディゴやモデナの弟子ヨセフ・ハミツなどが、パドヴァ大学を卒業し経験や実験に裏打ちされた科学的知識の重要性を認識すると同時に、カバラー（ユダヤ教の神秘主義）にも強く関心を寄せ、多くの論考を残していることは興味深い。カバラーは近代以降、呪術的・神秘的なものと捉えられているが、当時は知識の体系化や機械論的な世界観と親和性の高い、科学的な性質の強いものと考えられていた［Weinstein 2016］。また医者であるアブラハム・ヤゲルの著作では、病の治療は神学、呪術、医学、天文学の要素が融合している。例えば病には神・星・地上の原因があると考えられており、それらの原因は繋がっていて、医学的な治療で地上の要因にアプローチすることもあれば、儀礼によって天体の影響を弱める方法もある［Ruderman 1988: 25–42］。

すでに迷信として疑わしく捉えられていた思想も、ゲットーの中ではユダヤ教と共存していた。占星術はユダヤ教の中では長らく異端と見做されてきたが、同時にユダヤ人を魅了し続けた異教の思想でもある。星の位置関係が人間の性質や運命を決定づけるとレオネ・モデナ自身も信じていたことが、彼の自叙伝や書簡から明らかである。

> ここであえて伝えるが、私は若い頃から占星術を使って私の誕生日を読み解き、私の生涯の間に何が起きるのか、どのくらい多くの出来事が起こるのかを知りたいという強い願望を持っていた。アレッサンドロ・ビヴァーゴという人が、当時一七歳だった私の父のために作ったホロスコープを私は見たことがある。彼は一年一年、父に何が起こるのかを伝え、その言葉は一つとして実現しなかったものはなかった。……私のホロスコープは、四人の占星術師—二人はユダヤ人でもう二人はキリスト教徒占星術師—が作った。今日に至るまで、私の罪のせいで、彼らが書いたことは正確であると示されている［Modena and Cohen 1988: 110–111］。

このようにモデナは、自分の運の悪さやなかなか生活が楽にならない状況を、たびたび自分の生まれた星のせいにしていた。モデナの中では占星術とユダヤ教の信仰は対立するものではなく、もっと言えば当時の生きたユダヤ教の信仰は、伝統的な教えの外にある科学的知識や異教的な呪術と共存していたのである。

ゲットーの中では芸術活動も盛んである。ユダヤ教においては偶像を持つことの禁止が厳しく教えられているにもかかわらず、この時代には、絵画、特に肖像画への強い関心が見出せる。ユダヤ人も含めて知識人のサークルの間で、肖像画を贈りあうことが流行っており、サラ・コピア・スッランは文通相手と肖像画を交換している。また、レオネ・モデナはフランスのキリスト教徒で王に近い貴族ルドヴィーゴ・イセリンを教えていたが、彼はモデナに肖像画を贈り、またモデナにも肖像画を作るよう求めた。モデナはヴェネツィアやイギリス、フランスで名を博していた画家、ティベリオ・ティネッリに肖像画を描いてもらっている。完成前にティネッリが亡くなってしまい、また遺された絵画がどこに行ったかはわからなくなってしまった。モデナは再び肖像画を作成し、のちに出版本の表紙を飾っている（写真14）。

音楽については、古代イスラエルの第二神殿崩壊ののちの長い悲しみの時代において、喜びを表現するような活

写真14　レオネ・モデナ『ヘブライ人の儀礼の歴史』（1638年版）の表紙。モデナの肖像画が飾られている。

動に否定的な声もあったが、それでも神を讃えるという側面が見出され、イタリアのユダヤ社会では積極的に取り入れられた。マリノ・サヌードの日記は、一五三一年三月四日にゲットーの中で喜劇が上演されたことを伝えている。モデナは九歳の頃にフェッラーラのヘゼキヤ・フィンツィの元で、楽器演奏や歌、ダンスを学び、ソロモン・ウスクによるオペラ『エステル』のオマージュ作品を作り、ゲットー内で上演させた。またモデナの娘婿であるヤコブ・レヴィも音楽とダンスの知識があり、ラビになった後もこれらを教えていた。

イタリアでは特に、マントヴァでユダヤ人による演劇が有名であったが、一六二七年にユダヤ人を保護していたゴンザーガ家の直系が消滅したために、マントヴァのユダヤ人はヴェネツィアに安住の地を求め、この地で音楽アカデミーを作った。モデナが学校監督を務めたこのアカデミーは、Accademia degli Impediti と呼ばれた。毎週二回集まって歌を披露し、有力家の結婚式でコーラスを担当したり、ユダヤ教の祝祭で祈りをいくつか歌い上げた、とモデナの教え子ジュリオ・モロシーニは書いている。一六三一年のペストの流行によって、定期的な活動はなくなってしまったが、それでもその後一〇年近く活動を続けていた［Roth 1927］。

時代の流行を積極的に取り入れる中で、ユダヤ教の戒律から逸脱する可能性が生じる場面もしばしばあった。モデナはラビとして共同体の中で、新しい活動とユダヤ教の教えとの間のすり合わせを行う役目も果たし、しばしばそれは回答書（レスポンサと呼ばれ、ラビとして法に照らした判断を示す正式な文書）に現れる。例えば一六一〇年のモデナのレスポンサには、テニスを安息日にやってはいけないというイタリア系共同体の世俗指導者の決定事項に対する判断が書かれている。モデナによれば、安息日にテニスコートで激しく運動することも、走ったり跳ねたりすることも、ボールで遊ぶことも、いずれも安息日の禁止に触れないが、それでも副作用として起きることが安息日の禁止に抵触する可能性があるとして、世俗指導者の判断を支持している。

もっと社会的に逸脱した活動、例えばギャンブルなども、ゲットーの中では行われていた。すでに一六世紀にはゲットー内に密かに賭博場があったことが確認されている。ヴェネツィアのギャンブルはカードやサイコロを用いたゲームが主流で、一八世紀までにはカジノはヴェネツィアでは一大観光資源となっていた［Walker 1999］。また、共和国の役人選挙の結果を賭ける遊びもあった［Malkiel 1991: 150］。モデナは一三歳の時にギャンブルを始めたが、そのきっかけはカトリックの司祭に誘われたことであった。彼はこれを自叙伝の中で、「悪魔が誘惑した」と表現している。彼は何度も足を洗おうとするが、生涯ギャンブルの沼から抜け出せなかった。もともとの短気な性格もあり、またいうことを聞かない生徒や要求の多い家庭教師先が原因でストレスが溜まると、それを発散するために繰り返し賭博場に足を運んだ。たいていひどく負け、お金の工面をするために出版予定の原稿を質に入れて借金をしたり、二年間ギャンブルをしないという条件で共同体会議の秘書としての賃金を前借りしていた。ギャンブルが原因で素行が悪くなり、家庭教師や原稿の仕事を取り上げられることもあった。さらに共同体の世俗指導者らがギャンブルを禁じた際、その決定を不服として指導者らと言い争い、もう一度投票採決をやり直させたり、決定に反論するレスポンサも書いた。モデナは多くの著作を残しているが、ギャンブルにのめりこんだために本の売上で借金を返す必要があったことも大きな一因である。いわばギャンブルがモデナを執筆活動に駆り立てる原動力となったのだが、そのおかげで現在我々が彼の思想や行動を垣間見ることができるというのは、なんとも皮肉である。

このようにゲットーの空間は、異文化の思想、新しい知識、逸脱した遊びなど、多様な要素を同時代のヴェネツィア社会から受け入れ、ユダヤ社会の伝統や慣習を柔軟に変化させたり再強化したりしながら両文化を共存させた。

ゲットーがユダヤ人の居住区として区画された空間を提供し、その中にユダヤ教に根付いた生活を実現したからこそ、そこに住むユダヤ人は安心して外の新しい風を取り入れることができたのだろう。レオネ・モデナはヴェネツィア・ゲットーに神の働きをしばしば見出し、ヴェネツィアの外で仕事をせねばならない時にも、精神的な拠りどころとして捉えている。モデナはラビの教えを、時代や場所の条件に応じて適切な判断がされているものであり、それゆえに時代や場所が変われば変化を伴うものと捉えていたが、ヴェネツィア・ゲットーに置かれた信仰の土台とキリスト教社会との橋を通じた接続とが、こうした柔軟な思想を支えていたのだろう。

2　ゲットーを訪ねる人々とその背景

ゲットーはユダヤ人をキリスト教社会から取り出して別の場所に位置づけるという役割を期待して作られたが、しかし決して両者の交流を妨げることにはならなかった。ユダヤ人の生活の全てがそこに内包されたこと、またヴェネツィア社会の中で民族間の役割分担を図ったことが、むしろ両者の接触を必然的なものにした。例えば、ユダヤ人のために仕事を行うキリスト教徒がゲットーに出入りしていた。ユダヤ人はものを作る職人の仕事につくことは制限されており、そのためにユダヤ人の生活用品や儀礼に用いる品物を作るキリスト教徒職人がいた。トーラーを飾る装飾品、儀礼用の器、種無しパン（聖書のエジプト脱出を記念する過越祭に食べる、発酵種が入っていないパンで、マッツァと呼ばれる）をユダヤ人に提供するパン屋もあった。商売のためにユダヤ人の家に出入りすることは、しばしばユダヤ人の慣習や宗教への理解にもつながった。金細工師のドメニコはユダヤ人ダヴィデのために、トーラーの巻芯の装飾、リモニームを製作していたとき、ボッカチオの作品にも出てくる、三つの指輪の話を伝え、親愛の意を表したという。また、ヴァレリア・ブルニャレスキはゲットー内に住み、七～八〇人のユダヤ人の女の子のためにトーラーを教え、また食事も共にしていた。彼女はユダヤ人の敬虔さに感銘を受け、「キリスト教徒が我々の法を守るよりももっと厳格にユダヤ人は彼らの法を守る」と表現し、「ユダヤ人の信仰の方が我々の信仰よりも素晴らしい」と主張したことで異端審問にかけられた［Pullan 1983: 160–161］。

ヴェネツィアの街から地続きでゲットーまで歩けること、すぐ近くに住んでいるということのみならず、昼間は門が解放されていて、中庭は誰でも通過することができる一定の公共性があること、なおかつそこにユダヤ社会にとっての公共空間が重なることは、ゲットーの特徴であり、日常での交流を支える重要な要素である。ゲットーに程近いマドンナ・デル・オルト教会近くで生まれた船乗りジョルジョ・モレットは、小さい頃からユダヤ社会の空間に親しんでおり、ユダヤ人の結婚式や割礼式に何度も参加していた。キリスト教のレント（イースター前の四〇日間の四旬節で節制を行う習慣がある）の期間にも関わらず肉やワインをユダヤ人と共に口にしたり、マッツァをゲットーから持って帰って食べていたという。彼の行動は異端審問裁判所に報告されたが、厳罰には処されず、ただゲットーへの出入りの禁止が言い渡された。しかし数ヶ月後にモレットは、ユダヤ人の印である黄色い帽子をかぶってゲットーに入っていたところを見つかり、三年間のガレー船労働に送られた［Pullan 1983: 164–165］。

ゲットーは、カトリック社会からはやや特殊、あるいは異端的と見做されるような議論を受け入れる場としても機能した。レオネ・モデナが友人のゲルション・コーヘンに宛てた手紙によると、モデナは一五九一年にヴェネツィアに移住したのち、まもなくキリスト教徒、特にプロテスタントの多い知識人サークルの会合に参加するようになり、そこで宗教的な議論を交わしていたという。さらにスッラン家の娘、サラ・コピア・スッランは一六一八年からゲットー内の自宅でサロンを開き、モデナを含め、ユダヤ人やキリスト教徒の文化人を招いていた。このサロンでは哲学や宗教に関する議論が展開され、異端的な思想につながりかねない、際どいテーマが扱われることもしばしばあった。スッランとバルダッサーレ・ボニファッチョとの間の、魂の不滅論に関する議論は、一六一九年の会合に始まり、書簡を通じて白熱し、最終的には公開書簡論争に発展した。公開論争のために出版した『ヘブライ人

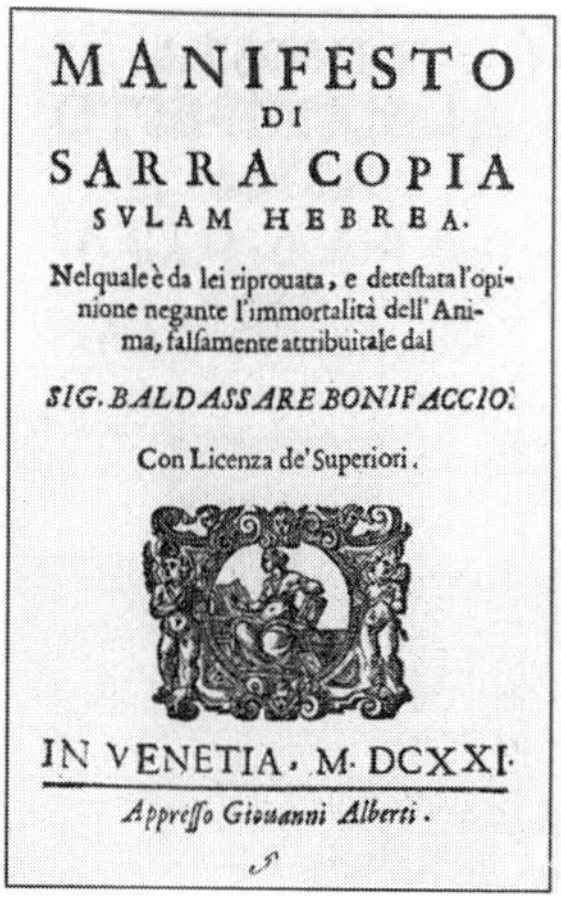
MANIFESTO
DI
SARRA COPIA
SVLAM HEBREA.
Nelquale è da lei riprouata, e deteſtata l'opinione negante l'immortalità dell' Anima, falsamente attribuitale dal
SIG. BALDASSARE BONIFACCIO.
Con Licenza de' Superiori.
IN VENETIA, M. DCXXI.
Appresso Giouanni Alberti.

写真15　サラ・コピア・スッラン『ヘブライ人サラ・コピア・スランの宣言文』（1621）の表紙

サラ・コピア・スランの宣言文』（一六二一年）では、スッランは異端審問所に目を付けられないよう、キリスト教の原罪論に繋がる部分を注意深く避けながら議論を進めている（写真15）。またスッランのサロンは一六二六年頃から会合がなくなったが、そのメンバーはその後にAccademia degli Incogniti（匿名たちのアカデミー）として結成されるヴェネツィアの秘密結社的なサークルに出入りした［Westwater 2020］。この結社は自由な思想を好み、教会に禁じられた書籍を流通させ、秘密の言語を用いてやり取りをしている。ゲットーはこのように、キリスト教社会からみて「周縁」的な思想の受け皿にもなっていた。

ヴェネツィア社会と接続しながらも境界線で区切られた空間を作り、その空間の中にユダヤ人の生活を根付かせたことは、キリスト教徒にとって、すぐ近くで異教徒に会いにいけるという状況を用意した。中世の間、ユダヤ人がキリスト教社会での居住を許されたのは、彼ら自身がキリスト教の生き証人であり、また彼らが離散状況で苦しみながら生きていることがキリスト教の正しさを示すことになるという理由からであった。そうした宗教的な捉え方を部分的に受け継ぎながらも、近世にはより民族学的に、他者としてのユダヤ教を知ることとの関心も高まっていた。そうしてゲットーは、ユダヤ教やユダヤ社会への好奇の視線を集め、コンタクトゾーンとなっていったのである。

ゲットーに向けられた最も大きな関心の一つは、ヘブライ語、およびヘブライ語にある知恵や真実への興味である。この関心の中心にあったのは、クリスチャン・ヘブライズムという動向である。もともとキリスト教内には、ヘブライ語によって神の言葉の真の意味を理解することができるという考え方があり、hebraica veritas と呼ばれていた。イタリアで一四世紀にはじまったルネサンス人文主義は、古代のテキストを原語で読む重要性を高め、ヘブライ語で聖書を読み解釈しなおす動きへとつながった［Friedman 1983: 12-24］。

イタリアでは他のヨーロッパ地域に比べて、キリスト教徒とユダヤ人の関係が比較的良かったため、ユダヤ人にヘブライ語を教えてもらう機会が多かった。ヘブライ語を学びたい者は、ゲットーを訪ねて自分の教師を探した。レオネ・モデナは幼い頃に、パドヴァのサムエル・アルキヴォルティの元で学んでいたが、同期の学生の中にはマルコ・マリーニというキリスト教徒がいたという。またモデナ自身も、ゲットーを訪ねた複数のヘブライストにヘブライ語を教えている。その中には、のちにアイルランド系の教会の司教となり、モデナから学んだ知識を活かして聖書をヘブライ語からゲール語に訳したウィリアム・ベデルもいる。一六世紀後半以降には、ヨーロッパ各地の大学にヘブライ語講座が次々と設置されていき、ヘブライストにとってはヘブライ語がより身近になった。モデナがヘブライ語を教えたジャン・プランタヴィは、パリ大学でのヘブライ語講座教授職をモデナに依頼した。ただし、仕事を受けるためには改宗が必要だったため、モデナはオファーを断っている。

また原語で書かれた聖書やユダヤ教が伝える知識に対する需要の高まりは、ヘブライ語での出版の増加を促した。一五四八年以降、ユダヤ人は出版業への従事を禁止されていたが、その前にはメイール・パレンツォというユダヤ人が印刷業を始めているし、その後もゲットー内で密かに出版を行うことがあった。モデナの孫のイサクは友人らと出版を行ったかどで一六三五年に逮捕されている。ヘブライ語の著作はキリスト教徒にもユダヤ教徒にも需要が高く、キリスト教徒の出版社も積極的にヘブライ語での出版に取り組んだ。印刷が始まって間もなくの一五世紀の後半だけで、ヴェネツィア地域では一五〇版を超えるヘブライ語書籍が印刷されている。キリスト教徒の出版社はヘブライ語の校正担当、タイプセッターができるヘブライ語の知識が豊富な人材を求めてゲットーを訪れた。モデナを含めて多くのユダヤ人がキリスト教徒と協働し、聖書や解釈書、祈祷書、論争文学などの様々なジャンルの本を出版した。キリスト教徒のヘブライ語やユダヤ思想への関心の基盤には、それがキリスト教の真実の教えを導くための手段であるという考えがある。そのためにヘブライズムは、ユダヤ教の伝統の古さや不変性に重きを置いている。たとえばダニエル・ボンベルグは、すでに聖書の写本にいくつかばらつきがあるという認識のもとに、最も古く真正と思われた、中東のユダヤ人共同体が使っていた写本を取り寄せ、最初のヘブライ語聖書を出版している。

また、ヘブライ語やユダヤ教の古い教えへの関心は、古代神学への関心とも結びついていた。古代神学 **prisca theologia** とは、古代ギリシャや中東の宗教や思想の中に、すべての宗教の純粋な原型となる、神が人間に与えた最初の真の教えがあるという考え方である。古代のギリシャ語・ペルシャ語・アラム語・ヘブライ語などの写本を収集し、古い東方の知恵の中に、神秘的な深奥なる教えや失われてきた真実を探そうとする動きが東洋学の中に生まれた。大学のヘブライ語講座は東洋学に設置されたが、ユダヤ教は古代から続く東方の教えの一部という認識があったためである。また東方の写本の収集の際にもユダヤ人の知識人が求められた。モデナの友人ジャック・ガファレルは、パリのリシュリュー枢機卿のもとで東方の古い写本の収集の仕事に携わり、度々モデナを訪ねては探している写本の入手方法を相談したり、手に入れた写本の真贋について議論している。東方への一種のあこがれには、自己にはない真実を他者に見出そうとする自他認識が含まれていて、この他者の役割の一部をユダヤ社会が負うこととなった。近代に入ってもなお、ユダヤ教は東洋に分類され、常にヨーロッパから他者として扱われたが、そこにはこのような近世思想の遺産がある。

言語や文献のみならず、ユダヤ教の儀礼・実践も多くのキリスト教徒の好奇心を惹きつけた。とりわけ宗教改革派の一部には、ユダヤ教の儀礼を本来のキリスト教の姿と捉えて関心をもつ人々がいた。また、より純粋な興味からユダヤ教の儀礼を見にくる人々もいたし、ユダヤ人の改宗を目的にゲットーを訪ねる者もいた。ヴェネツィア自体がヨーロッパでは有名な観光地であり、例えばグランド・ツアー（イギリス富裕層の若者が西欧各地の文化を学ぶために行った旅行）でイギリスから多くの知識人がきていた。その中でゲットーは、訪ねるべき観光スポットの一つとして知られるようになっていった。イギリス人旅行者、トマス・コリャットはヴェネツィア滞在時にゲットーを訪ね、礼拝の進行やその様子、ゲットー内での体験を事細かに書き残している。

「わたしは、ユダヤ人たちの一団がともに暮らしている場所へとやってきた。そこはゲットーと呼ばれ、一つの島となっている。というのは、そこは周囲を水で囲まれているのである。そこには全部で五〇〇〇～六〇〇〇人のユダヤ人がいると考えられている。ユダヤ人らは頭にかぶっているものによってキリスト教徒と区別される。……ユダヤ人はいくつものシナゴーグを持っている。少なくとも七つあり、そこで全ての男性、女性、子供が安息日、つまり土曜日に一堂に会し、つとめを果たし、彼らのやり方で神に仕える。各団体がそれぞれシナゴーグを所有している。シナゴーグの中にはカシでできた椅子が並べられ、八つの開口部があり、側にある二つの出入り口から席へ入っていく。彼ら［礼拝に集まった会衆］に律法を読むレビびとは、礼拝のときに自分の前に、二つの木の取っ手をつけて巻かれた、きわめて長い羊皮紙（トーラー）を置く。そのなかには、モーセの律法の全容と内容のすべてがヘブライ語で書かれているのである。彼は（他の人は赤い縁付きの帽子を被るが、彼は一人だけ赤い縁無し帽を被っており、それでようやく区別できる）会衆の前で謹厳に、明確に、そして整然と読むのではなく、過度に大きな声で叫び、まるで獣のようにずっと吠えている。雑然として叫んでいる様子では、聴衆は彼の言っていることを理解できないのではと考えた。あるときは彼は一人で叫び、またあるときは他の人々が、彼の修習生であるかのように立ったり座ったりしながら彼と一緒に叫ぶ。しかし彼の声が（彼の声は甲高くピンと張り、まるで賭けでもしているように歌う）皆を誘導する。……私が観察した慣習のうちの一つは、大変不遜で冒涜的なのだが、それは誰ひとりとして、シナゴーグに入ってくるときであれ、自分たちの席についているときであれ、あるいは再び外へ出るときであれ、帽子をとったり、ひざまずいたり、他の動作をしたりせず、むしろヘブライ語の本を手に図々しくも部屋に走ってきて直ちに自分の席に座る。敬意を示すことがない。……彼らの守っている割礼はアブラハム（彼の時にこれが定められた）からキリストの受肉の時代までに守っていたものと同じである。彼らは生後八日になるすべての男子に、石のナイフで割礼を施していた。しかし私は割礼を見る機会を得られなかった。同様に彼らはモーセによって定められた古代の祝祭の多くを維持している。例えば仮庵の祭りはたいへん厳かに守られている。彼らの古代の父祖の慣習だったように、彼らも豚肉を避ける［Coryate and Coryate 1905: 370–76; 藤内 二〇〇八：二〇—二二］。

コリャットの記述は、古代から変わらない礼拝行動や、神の前で相応しくないような騒々しさ、無秩序な儀礼進行などを強調している。『アイネーイス』（古代ローマの詩人ウェルギリウスによる叙事詩）の一説を引きながら、ユダヤ人は本来正しくなく、道徳的でなく、美しくないものという前提をあけすけに示す。「実際には、彼らのうちの何人かは非常に優雅で魅惑的な容貌をしていて、そのことで彼らの信仰について嘆きたくなるほどである。もし彼らがキリスト教徒だったなら、かの詩人の並外れた一節を彼らを表現するのに使っただろう。『美しい身体から現れ出る美徳がいっそう好意を集める』」。コリャットのユダヤ教・ユダヤ社会に対する視線は、ヘブライズムにもみられたように、古代性を見出す傾向が強い。儀礼を無秩序と捉えユダヤ人を道徳に欠いた人々と見做すのも、ユダヤ教のシステムをキリスト教のそれに比べて未発達なものと想定していることからきている。このように、ゲットーの中の空間は、外のキリスト教社会から取り残された未開的な社会と捉えられる傾向があった。とくにユダヤ教の礼拝は、ヴェネツィアに限らずオランダでもキリスト教徒の見学対象になっていたが、その儀礼の様子はしばしば「無秩序」として批判の対象になっていた。そのため近代以降にはキリスト教のような、静かに座って統率のとれた動きをする「進んだ」礼拝の形式に変更する努力がユダヤ社会の中でなされることとなった。

トマス・コリャットのゲットー訪問の目的は、儀礼を観察することの他に、ユダヤ人の学者と宗教的な議論を交わすことであった。コリャットはゲットーの中庭でレオネ・モデナと出会い、イエス・キリストについてどう考えるかを尋ね、論争をふっかけた。しかし、コリャットのように議論をしてキリスト教の正しさを伝えるためではなく、レオネ・モデナの考えを聞くために会いにくるキリスト教徒もいた。フランス国王ルイ一三世の弟、オルレアン公ガストンはキリスト教徒の説教師を連れてモデナの説教に参列したし、またその後彼に近しい貴族らも続々とモデナの説教を聞きにシナゴーグを訪ねた。

レオネ・モデナの最も有名な著作の一つは『ヘブライ人の儀礼の歴史』（一六三七年）だが、これはキリスト教徒のユダヤ教儀礼への関心から生まれた。イギリスの貴族ヘンリー・ウォットンはヴェネツィア駐在大使だった際にゲットーの近くに住んでおり、モデナにユダヤ人の儀礼についての概説書を執筆するように依頼した。英国に持ち帰った後に国王に進呈するためである。ウォットンが持ち帰ったモデナの概説書はウォットンの友人らの関心を惹き、さらにコピーを求めたので、モデナはこれを書き写してイギリスに送っている。この概説書はモデナの友人らの間で広まり、出版の勧めを何度か受けた、とモデナは序文で明かしている。ジャック・ガファレルがパリで一六三七年に出版し、その翌年にモデナ自身がヴェネツィアで出版した。モデナがこの概説書を書いた当時、すでにユダヤ教に関して説明する書籍はキリスト教徒によって大量に書かれていたが、その多くは偏見と間違った情報に溢れていた。「もし博識なキリスト教徒が、現在のヘブライ人の儀礼についての、否定しようのない根拠に基づき、真の全ての知識の源泉からくる正確な情報を求めたとしたら、いかに素晴らしいことだろうか。」という序文の始まりは、モデナがいかにこの本の価値を自覚していたかを窺わせる。

キリスト教社会には確かに、ユダヤ教を正しく知りたいという需要はあった。モデナと交流の深かったキリスト教徒には、ユダヤ教を貶めようとか、過ちをただそうとか、改宗させようという人は多くはない。しかし、ユダヤ教への関心の基底そのものに、キリスト教社会の古代の姿など、同時代のキリスト教社会とは違う要素を見出そうとする視線がある。その意味で、ゲットーはキリスト教徒の目から見れば、空間や時間、概念など、様々な要素において境界線が引かれた異世界として位置づけられていた。

そうした視線を最も特徴的に表しているのが、ゲットーを呪術的・神秘的なものの源泉として捉える態度である。呪術という言葉そのものに、より合理的で倫理的な教えである宗教と対比する考え方があり、また「今」の知恵とは異なる、古くから密かに伝えられるものという意味合いも含まれる。もちろん深遠で神秘的な側面に魅力を見出す、肯定的な言説もあるが、そこにおいても基本的な捉え方の構造は変わらない。そうした視線にゲットーもさらされ、ユダヤ社会の空間はキリスト教徒にとって、呪術的実践やアイテムのマーケットとして機能していた。当時ヴェネツィアでは呪術が流行していて、カバラーや医学、天文学などの知識が混ざり合って、日常の至るところで実践として浸透していた。呪術に関する書籍を探す人、呪術儀礼の中でヘブライ語を読み上げてくれる人を求める人らはゲットーに足を運んだ。モデナはキリスト教徒のジャック・ガファレルなどのヘブライストや古代神学に関心を持つ知人のために、呪術関連書を入手したり護符の写しを作っていた。モデナの孫イサク・レヴィについては、呪術使用疑いの審問記録が残されている。イサクは、聖サムエル地区のフランシスコ・バゼッジョの銀の腰帯を盗んだ犯人を探すために、インギステラの実験と呼ばれる呪術を行った。この実験は、器に水をはり、ヘブライ語が書かれた紙と三つの蝋燭のついた三脚の上に置く。二人の少年が水を覗き込むと、王冠を身につけ黒い衣を纏い本を手にして玉座に座る王が見えるので、その王に犯人の姿を見せてくれるように、また名前の頭文字を教えてくれるように嘆願し、情報を得るという。イサクは実験以外にも、多くの呪術関連の本を持っており、また書き写して売ってもいた［Barbierato 2002: 304-313］。

ユダヤ教そのものに呪術的な要素を期待する人もいた。先に述べたキリスト教徒によるユダヤ教の概説書の中には、呪術的な宗教としてユダヤ教を描くものも多かった。またジャック・ガファレルが『ヘブライ人の儀礼の歴史』に寄せた賛辞文には、レオネ・モデナがユダヤ教の神秘的な部分、呪術的な儀礼を十分に説明していないことに対する不満が表れている。モデナ自身は生活の中で迷信や呪術の思想を取り入れ、また呪術に関するアイテムを取引していたが、それをユダヤ教の教えとして紹介することには否定的であった。一六三八年のモデナの手で出版された第二版においては、呪術実践の禁止を強調し、また護符に効果はない、と断言している。モデナはユダヤ教にまとわりつく偏見をただすために、聖書に基づく理性的な教えとしてユダヤ教を説明した。

ゲットーはキリスト教社会にとって、常に自分たちとは異なる存在、よくわからない他者であり、それゆえスキャンダルによって簡単に非難の的となり追放論が再燃した。一六三六年三月一日、メルチェリア地区のベルゴンジの店から、金糸の布や絹など高価な品物が大量に盗まれた。犯人は四人のキリスト教徒である。彼らは盗んだ品物を、二人のユダヤ人の協力を得てゲットーに隠した。このことが明るみになると、ヴェネツィア社会はゲットーを犯罪の温床と呼び、ユダヤ人の追放を求めた。モデナはこの時のことを次のように記述している。

五三九六年（一六三六年）のプリーム祭に、共同体全体が喜びから悲嘆へと変わった。というのも共同体あるいは個人、そして私自身への不幸が始まったからである。……プリーム祭にゲットーの中庭は締め切られ、一軒一軒を調べて急いで彼らを探した。町のあらゆる人々、貴族、市民、平民からの、ユダヤ人に対する激しい非難と侮辱の声が増大した。一人でも罪を犯せば、彼らの怒りは共同体全体に向けられ、我々を盗賊集団と呼び、あらゆる種類の犯罪がゲットーに隠されているのだという。それまではユダヤ人はあらゆる人々に愛されていたのに、この時から軽蔑と憎悪の対象になるのである。

レオネ・モデナの記述は、ゲットー空間に寄せられた様々な視線を浮かび上がらせる。すぐに異文化・異邦人に接触できるコンタクトゾーンとなったゲットーは、キリスト教の教えを見直して古く新たな正しさを求める態度、世界の様々な民族や慣習の発見とともにその最も純粋・原始なものを求める視線、多く出版される旅行記に触発され珍しいもの・未知のものを見ようとする好奇心を引き寄せた。ゲットーを訪ねる人々は、自分たちの世界観を強化するにふさわしい他者をここに見出し、ユダヤ的なものとして捉えていった。モデナはそうした視線の正面に立ち、見られるユダヤ教を意識していた。モデナがユダヤ教に付された「呪術的」「非合理的」な教えというイメージを払拭しようとしていたことは述べたが、他方で、その教えの柔軟性を認識していたにもかかわらず、聖書時代から変わらない儀礼が守られているというイメージについては強化している。ゲットーに寄せられた観光客の視線は、その舞台で「演じられる」ユダヤ教を生み出したのである。

おわりに

一七九七年、ナポレオンとハプスブルク・オーストリアの侵攻により、ヴェネツィア共和国は消滅した。七月一一日にゲットーの門は燃やされ、ユダヤ人に市民権を与えるとゲットーの中庭で宣言された。ユダヤ人は解放され、ゲットーから離れてキリスト教徒と分け隔てなく住むようになった。しかしユダヤ人に対する偏見は深く、解放後も強く残り続けた。そうした偏見の中には、「悪臭」などのゲットーの衛生環境と関連の深いものもある。また軽蔑の意味合いがなくとも、また時には羨望の的となったときでさえ、ゲットーによって強化された「他者」というスティグマは消えることはなかった。

ナポレオンが侵攻する以前から、ゲットーによるユダヤ人の隔離は前近代的で非合理的な政策として、フランスやイタリアの啓蒙的な思想家の非難の的となっていた。彼らはユダヤ教徒を市民として受け入れるべきだと主張したが、それはユダヤ教徒がユダヤ的思想や伝統を維持したままであることを想定していなかった。ユダヤ人をゲットーから解放し、キリスト教徒と平等に扱う政策の先には、ユダヤ人の改宗を期待していたのである。彼らはユダヤ教を間違いの多い時代遅れの伝統とみなし、ユダヤ人が市民になるにはそうした古びた思想を捨てることが必要だと考えていた。ユダヤ人を寛容に受け入れ、平等に扱えば、だんだん自分たちの間違いに気づき、いずれキリスト教の教えに導かれるだろう、という前提があったのである。そうした近代西欧社会の暗黙の期待に応えつつも自らのアイデンティティを保つために、ユダヤ教は急速に啓蒙化を進め、時代にふさわしいと思われる宗教制度へと改革していった。

ゲットーの解放は、市民空間を均質化し、全ての住民を等しく扱うことを象徴していただろう。近代国家は宗教ではなく国家が人々のまとまりを作るのであり、宗教の違いは私的生活の違いにすぎず、理念的には公的空間では意味を持たない。しかし、近代化によりキリスト教は宗教的な求心力を失いながらも、「文化」として西欧生活に溶け込み、市民社会の空間において重要な要素であり続けてきた。ゲットーが開放された時、キリスト教文化がなじむ街の空間に、ユダヤ的な生活空間が入り込む余地はどれほどあったのだろうか。

ヨーロッパ社会におけるユダヤ人の他者性は今も根強く残っている。それは必ずしも、反セム主義（ユダヤ人・ユダヤ教に対する蔑視・憎悪）という極端な形に限らず、ユダヤ教徒を社会の一員として位置付けるような努力の中にすら現れる。近年のイタリアには、ユダヤ人の歴史を語り継ごうとする傾向が強まっている。二〇〇六年にイタリア議会は、イタリアのユダヤ人の歴史を伝える博物館の建設を決定し、二〇一七年にフェッラーラでユダヤ博物館がオープンした。この博物館の展示は、イタリアの歴史のほとんどにおいてユダヤ人は存在し続け、共存していたという側面を強調する。ホロコーストに加担した歴史を持つイタリアにおけるこの視点の問題性はさておき、異なる者同士の共存を強調するようなユダヤ人の歴史の語り方、またさらには、博物館という展示ケースを通してそれを語っていくこと自体が、むしろ他者性を強化することにもつながりうる。

　未知の相手を他者と位置付けて理解しようとする問題の難しさを、二〇一三年のベルリン・ユダヤ博物館の試みはグロテスクな形で突き付けた。「箱に入ったユダヤ教徒」と題された展示では、透明のガラスケースの中にユダヤ教徒が座り、来訪者の質問に答えていく。ドイツではユダヤ教徒に会ったことがなく、よく知らないと感じる人々が少なくないという。そうした人の一部は、ユダヤ教徒に対する理解の新たな道として模索されたこの方法を歓迎した。しかし、展示物として会話することが相互理解の良い道だと考えない人もいる。ユダヤ人を普通の社会から取り出して展示し、好奇の視線に晒す、というプロセスの問題性を考えさせるこの展示は、とあるユダヤ人記者の言葉にインスピレーションを受けて設置された。

　　私は生きている展示物である。……私と関わってきた人々は、生まれて初めてユダヤ人に会って困惑した反応を示す。……そして突然、私はまるでショーケースの中にいて、ガラスの向こうの珍しい種のサンプルのように見られる。

　他者理解における見る・見られる関係の問題性が、この展示に凝縮されている。
　現在のヴェネツィア・ゲットーは、私が留学中に感じたように、まさにこの「箱に入ったユダヤ教徒」となっている。ゲットーはユダヤ人居住区としての歴史があるからこそ観光資源となった。ゲットーの博物館やツアーは、未知の他者に出会い、歴史ごと失われそうになったかつての豊かさや人々の生活を守り学び続ける場を設けている。この役割自体は重要である。しかし同時に、ヴェネツィアの各地区から集まってゲットーでの礼拝を行う今のユダヤ教徒が、この展示空間で観光客の視線にさらされてもいる。彼らは自分たちの共同体の長い伝統を繋いでいくためにこの場所に集まる。五〇〇年前にできたユダヤ人の居住区は今もなお他者を内包する機能を負い、「ユダヤ的」な空間を今もなお作り演じる空間となっている。

参考文献

Adelman, Howard

1989　Another More Nevukhim: The Italian Background and Educational Program of Leon Modena's More Nevukhim Bikhtivahy Bilshonenu Hakadosh. In *From Ancient Israel to Modern Judaism: Intellect in Quest of Understanding*, edited by J. Neusner, E. S. Frerichs, and N. M. Sarna, pp. 89–110. Atlanta, Ga: Scholars Press.

Barbierato, Federico

2002　*Nella stanza dei circoli: Clavicula Salomonis e libri di magia a Venezia nei secoli XVII e XVIII*. Milano: S. Bonnard.

Bonfil, Robert

1994　*Jewish life in Renaissance Italy.* Berkeley: University of California Press.

2004　*Rabbis and Jewish Communities in Renaissance Italy*. Oxford: Littman Library of Jewish Civilization.

Calabi, Donatella

2001　The "City of the Jews." In *The Jews of Early Modern Venice*, edited by R. Davis and B. Ravid, pp. 31–49. Baltimore: Johns Hopkins University Press.

Calabi, Donatella, and Lenore Rosenberg

2017　*Venice and Its Jews: 500 Years since the Founding of the Ghetto*. Milan: Officina.

Calimani, Riccardo, Anna-Vera Sullam, and Davide Calimani

2005　*The Venetian Ghetto.* Milano: Electa.

Concina, Ennio

1991　*La città degli ebrei: il ghetto di Venezia: architettura e urbanistica*. Prima edizione. Venezia: Albrizzi editore.

Constable, Olivia Remie

2014 *Housing the Stranger in the Mediterranean World: Lodging, Trade, and Travel in Late Antiquity and the Middle Ages*. Cambridge: Cambridge University Press.

Coryate, Thomas, and George Coryate

1905 *Coryat's Crudities*. Glasgow: J. MacLehose and sons.

Della Pergola, Sergio

1987 Aspetti e problemi della demografia degli ebrei nell'epoca preindustriale, in *Gli Ebrei e Venezia, secoli XIV-XVII. Atti del Convegno*, edited by G. Cozzi, pp. 201-210. Milano: Edizioni Comunità.

Finlay, Robert

1982 The Foundation of the Ghetto: Venice, the Jews, and the War of the League of Cambrai. In *Proceedings of the American Philosophical Society*, 126, 2, pp.140–54.

Fortis, Umberto

1988 *The Ghetto on the Lagoon: Guide to the History and Art of the Venetian Ghetto（1516-1797）*. Venezia: Storti.

Friedman, Jerome

1983 *The Most Ancient Testimony: Sixteenth-Century Christian-Hebraica in the Age of Renaissance Nostalgia*. Athens, Ohio: Ohio University Press.

Horowitz, Elliot

2002 Membership and Its Rewards: The Emergence and Decline of Ferrara's Gemilut Hasadim Society（1515–1603）. In *The Mediterranean and the Jews, II Society, Culture and Economy in Early Modern Times*, edited by M. Orfali and E. Horowitz, pp. 27–66. Ramat-Gan: Bar-Ilan University Press.

2000 Jewish Confraternal Piety in Sixteenth-Century Ferrara; Continuity and Change. In *The politics of ritual kinship confraternities and social order in early modern Italy*, edited by N. Terpstra, pp. 150–71. Cambridge: Cambridge University Press.

Malkiel, David Joshua

1991 *A Separate Republic: The Mechanics and Dynamics of Venetian Jewish Self-Government 1607-1624*. Jerusalem: Magnes Press, The Hebrew University.

Modena, Leone, and Mark R. Cohen

1988 *The Autobiography of a Seventeenth-Century Venetian Rabbi: Leon Modena's Life of Judah*. Princeton: Princeton University

Press.

Pullan, Brian

1983 *The Jews of Europe and the Inquisition of Venice, 1550-1670*. Oxford: Blackwell.

Ravid, Benjamin

1987 The Religious, Economic and Social Background and Context of the Establishment of the Ghetti of Venice. In *Gli Ebrei e Venezia, secoli XIV-XVIII. Atti del Convegno*, edited by G. Cozzi, pp. 211–59. Milano: Edizioni Comunità.

1991 A Tale of Three Cities and Their Raison d'etat: Ancona, Venice, Livorno, and the Competition for Jewish Merchants in the Sixteenth Century. In *Mediterranean Historical Review*, 6, 2, pp.138–62.

2002 An Introduction to the Charters of the Jewish Merchants of Venice. In *The Mediterranean and the Jews II, Society, Culture and Economy in Early Modern Times*, pp. 203–47. Ramat-Gan: Bar-Ilan University Press.

2003 On Sefferance and Not as of Right. In *Lion shall Roar: Leon Modena and His World*, edited by D. J. Malkiel, pp. 17–61. Jerusalem: Magnes Press.

2013 Venice and Its Minorities. In *A Companion to Venetian History, 1400-1797*, edited by E. R. Dursteler, pp. 449–85. Leiden: Brill.

Roth, Cecil

1927 L'Accademia Musicale Del Ghetto Veneziano. In *La Rassegna Mensile Di Israel*, 3, 4, pp.152–62.

Ruderman, David B

1988 *Kabbalah, Magic, and Science: The Cultural Universe of a Sixteenth-Century Jewish Physician*. Cambridge, Mass: Harvard University Press.

1995 *Jewish Thought and Scientific Discovery in Early Modern Europe*. Detroit: Wayne State University Press.

Schwartz, Daniel B

2019 *Ghetto: The History of a Word*. Cambridge: Harvard University Press.

Siegmund, Stefanie B

2006 *The Medici State and the Ghetto of Florence: The Construction of an Early Modern Jewish Community*. Stanford, Calif.: Stanford University Press.

Stow, Kenneth R

2001　*Theater of Acculturation the Roman Ghetto in the Sixteenth Century*. Seattle, WA: University of Washington Press.

Walker, Jonathan

1999　Gambling and Venetian Noblemen c.1500-1700. In *Past & Present*, 162, pp.28–69.

Weinstein, Roni

2016　*Kabbalah and Jewish Modernity*. Oxford: Littman Library of Jewish Civilization.

Westwater, Lynn Lara

2020　*Sarra Copia Sulam: A Jewish Salonnière and the Press in Counter-Reformation Venice*. Toronto: University of Toronto Press.

カラビ、ドナテッラ

二〇〇〇　「ユダヤ人の都市――ヴェネツィアのゲットーをめぐる考察」福井憲彦、陣内秀信編『都市の破壊と再生　場の遺伝子を解読する』一六一―一八一頁、相模書房。

藤内哲也

二〇〇八　「あるイングランド人旅行者の見たヴェネツィアのゲットー――トマス・コーリャットの旅行記から」『鹿大史学』五五巻、一七―二九頁。

二〇一一　「16世紀ヴェネツィアにおけるゲットーの創設」『鹿大史学』五八巻、五五―六六頁。

ヴェネツィアユダヤ略年表

1571	フィレンツェとシエナでゲットー設置	
1573		ロドリーガが共和国支配層に接触
1589		スペイン系ユダヤ人に居住許可
1590 頃		スクオーラ・スパニョーラができる
1592		ガリレオがパドヴァ大学で教鞭
1593	ユダヤ人を誘致するリヴォルノ憲章発布	
1603		パドヴァにゲットー
1606		共和国に聖務停止処分
1608		コリャットがヴェネツィア訪問
1628		ゲットーに音楽アカデミーを設置
1629 － 32	北イタリアでペスト流行	
1636		メルチェリア強盗事件
1797	ナポレオンのイタリア侵攻、ゲットーの解放	

ヴェネツィアユダヤ略年表

時代・年代	世界・イタリアの出来事	ヴェネツィアの出来事
前1世紀	ローマにユダヤ人共同体	
前63	ローマ帝国がエルサレムを占領	
73	ユダヤ人が対ローマ帝国戦争に敗北	
3世紀頃	南イタリアにユダヤ人共同体	
10世紀頃	ドイツ・北フランス・イギリスにユダヤ人共同体	
1096	第1回十字軍遠征	
1290	イギリスからユダヤ人追放	
1306	フランスからユダヤ人追放	
1314		クレタ島のユダヤ人が共和国支配下へ
1348	ヨーロッパでペスト大流行	
1382		領土内にユダヤ人金融業
1409		ユダヤ人初のパドヴァ大学卒業者
1492	スペインからユダヤ人追放	
16世紀	30以上の大学でヘブライ語講座を設置	
1508		カンブレー同盟戦争、ユダヤ人が本島に移住
1513		本島内滞在を認めるコンドッタ
1516		ゲットー・ヌオーヴォにユダヤ人居住区
1516-17		ボンベルグがラビ聖書を出版
1528		スクオーラ・テデスカができる
1532		スクオーラ・カントンができる
1537		対オスマン帝国戦争
1541	ナポリ王国でユダヤ人追放令、北イタリアへ移住	税制優遇でレヴァント系ユダヤ人が流入、ゲットー・ヴェッキオにユダヤ人居住区
1555	ゲットー設置を命じる教皇勅書	
1560頃		スクオーラ・レヴァンティーナ、スクオーラ・イタリアーナができる
1570		対オスマン帝国戦争

あとがき

私は在日韓国人の三世で、古くからの韓国人街に住む血縁もいた。幼いころの原風景的な経験が、大学での様々な出会いを通して明確な学問関心となり、工学部建築学で外国人街について探求するようになった。イタリアのユダヤ人ゲットーについては、工学部の修士課程で始めたテーマである。その後所属を宗教学に移し、現在はレオネ・モデナに絞って研究を続けているが、外国人街における空間とアイデンティティの関係をめぐって、長年持ち続けた視点や考察を、このように形にできたことを大変嬉しく思っている。

2019年のヴェネツィアへの留学、そこから2021年までのエルサレムへの留学は、研究者との交流や資料収集などの研究上の契機となっただけでなく、自分の問題関心に新たな視点を加えることとなった。これまでも日本でマイノリティとして生きてはきたが、違いは国籍とわずかな慣習のみで、日常生活や知識・思考、外見などは日本国籍保持者と変わらない。しかしイタリア、イスラエルにおいては、私は地元の住民と慣習から容姿まで異なるため、ことあるごとに周りの視線を強く意識することになった。留学中の意識の変化が、「ゲットーにあつまる視線」という本書のテーマを考える大きな要因だったと思う。

また本書では、ユダヤ史の新たな試みにも挑戦できた。一般的に歴史を考えるとき、出来事の地理的空間的特徴は重要な要素であり、作物の特徴、交通事情、城壁の場所、気候などが歴史の流れとの関連の中で検討される。しかし、様々な場所に根無し草のように移住を続けてきたユダヤ人の歴史においては、こうした視点は抜けてしまう傾向にある。本書の執筆は、ゲットーの地理的空間的特徴を捉え、ユダヤ人の行動や思想に与える影響を考察し、歴史との関連性を考えてみる良い機会となった。

本書に至るまでに、家族、友人、様々な大学での研究者など、大変多くの人々に支えて頂き、感謝の念が絶えない。イタリアおよびイスラエルへの留学は日本学術振興会の若手研究者海外挑戦プログラムと松下幸之助記念志財団の松下幸之助国際スカラシップによって実現することができた。また留学中および帰国後にサポートしてくださり、また執筆を支えてくださった松下幸之助記念志財団のみなさま、風響社の石井雅社長には厚く御礼を申し上げたい。

著者紹介
李　美奈（り　みな）
1988 年東京生まれ。
東京大学人文社会系研究科博士課程在籍。
主な業績に「シモーネ・ルッツァット『議論』に現れる近世ヴェネツィアのユダヤ教観念」『宗教研究』93 巻 3 輯（2019 年）、「レオネ・モデナ『盾と剣』と宗教改革の時代」『京都ユダヤ思想』21 号（2021 年）など。

ヴェネツィアのゲットー　商館・共同体・コンタクトゾーン

2021 年 10 月 15 日　印刷
2021 年 10 月 25 日　発行

著　者　李　美奈

発行者　石井　雅
発行所　株式会社　風響社
東京都北区田端 4-14-9（〒 114-0014）
Tel 03（3828）9249　振替 00110-0-553554
印刷　モリモト印刷

ISBN978-4-89489-817-2　C0022